一對絲襪，一杯奶茶

奶茶流動的故事

李亞妹 著

中華書局

目錄

序一　**Milk tea as a lens of migration**　Danny Marks　/004
序二　怎能不愛「港式奶茶」　馬國明　/008
自序　/014

第一章　香港——一對絲襪，一杯奶茶　/022

奶茶筆記
——訪羅永生：茶葉交易寫下的殖民結構與華人面相　/048
——手沖一杯絲襪奶茶　/063
——一場絲襪風暴　/074
——港式奶茶的前世今生　/086

第二章　馬來西亞——奶茶裏的種族　/094
奶茶筆記——流動而生的平民奶茶：印度奶茶和拉茶　/130
第三章　泰國——一個賣珍珠奶茶的曼谷女孩　/134
奶茶筆記——手沖一杯泰式珍珠奶茶　/174
參考資料　/180
奶茶地圖　/192

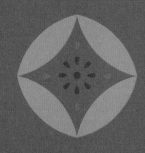

序一

Milk tea as a lens of migration

Dr. Danny Marks

Assistant Professor, Dublin City University

I have a Thai mother and American father. I grew up in the United States and fell in love with Asia when I spent a semester studying abroad there during my college education. Since then, I have spent a number of years living in and conducting research on Southeast and East Asia, including spending extensive time in Hong Kong, Malaysia and Thailand.

One indelible facet of life I observed during my time in these places was the incessant drinking of milk tea. I vividly remember ice milk tea (*cha yen*) being sold by street vendors in Thailand who wrap it up in a plastic bag with ice and a straw. I also fondly recall watching the skillful pouring of milk tea (*teh tarik*) between cups to bring out its taste in mamak shops in Malaysia. In Hong Kong, I ordered milk tea with a pineapple bun for breakfast most of the time. Since I started visiting East and Southeast Asia 15 years ago, I witnessed the rise of the middle class, proliferation of tourists, and the rapid spread of bubble tea and other types of tea shops. I saw people drinking milk tea in cafes, hotels, restaurants, homes, and or on the street. People drank milk tea to wash down their meals, gain a caffeine boost in the morning or afternoon, sip while they meet friends, families, or business contacts, or enjoy it as a dessert. Milk tea therefore has become deeply intertwined in the daily lives of people in these places and their societies. Questions that arose to my mind when observing these stories spurt and fizzle. In this way, the historical fiction presented in this book can closely represent how history actually happened.

Moreover, using the lens of milk tea, the author brings out larger issues and patterns. One major theme in these stories is how migration has long shaped societies in East and Southeast Asia. Migrants do not respect borders or boundaries — they will cross any national borders or oceans to reach their destination. Migrants from China, for example, have been an especially important element in forming the economic, social and political landscape of South-East Asia and key economies in East Asia. Both the Hong Kong and Malaysia chapters highlight this. The author also shows how globalization has been a major factor for accelerating the international but also internal movement and mobility of populations. Further, it is not always appreciated that the scale of migration in the colonial years was no less significant than contemporary migration is. The Hong Kong chapter shows the importance of post-World War II migration to the city's development and focuses on the untold stories of the working class who also played an integral role in shaping the development of milk tea there. Concurrently, the chapter forcefully shows the structural barriers to social mobility migrants faced. These barriers were created by colonizers and other elites. The poignant story of Mr. Uncle（亞叔）in the first chapter, for example, illustrates that despite his multitude of skills, knowledge, and capacity, he was unable to gain power and improve his standing in society unless he made a Faustian bargain and gave up his moral compass.

In short, I enjoyed reading this book and I hope this is the first of many which this young, skillful author will write.

practices and learning about these deeply embedded tea cultures were: How did milk tea come to these places and spread? How did these practices of making and consuming tea develop?

Therefore, I was delighted to read this historical fiction about milk tea. It answered these questions by showing the linkages between the historical development of milk tea in these three places with the interrelated real-life stories of migrants. I think that realistic novels such as this one offers the reader an entire new world with new heroes (and enemies) and new places to which to traverse. We follow the lives of plethora of well-drawn characters, such as Mr. Uncle（亞叔）and Mr. Choo（馬大志）, and visit a number of locales along the way, such as the bustling pier in colonial Hong Kong, and the dangerous, rain-soaked tin mines in Malaysia during the 1970s. Astutely observed details—a rooftop in Sai Wan along Victoria Harbour, the traffic jams which bring Bangkok to a halt—make you feel that you are living the characters' lives. I believe that the stories will resonate well with the readers. For example, in the third chapter, the reader may feel a genuine sense of dismay at the Thai heroine's loneliness and mental anguish.

Further, using real people allows the author to affix readers in very specific moments in time and space, such as post-World War II Hong Kong and contemporary Bangkok, and enables the author to comment on society's influence on them. In particular, this historical fiction gives voice to previously underrepresented populations, namely, migrants and members of the working class. The power of this novel lies in its ability to recreate the sensation of these places' past through adhering to experienced time. In short, the book's

序二

怎能不愛「港式奶茶」

嶺南大學文化研究系客席副教授 馬國明

「絲襪奶茶」＝用絲襪沖的奶茶？

大約三十年前，跟朋友閒談，朋友說香港優秀的人才集中在醫學界、法律界和商界，而在商界中，廣告界的人才沒受注意，起碼功能組別便沒有廣告界；不過朋友說廣告界的作用不能忽視。這段發生於三十年前的閒談本應在腦海裏沉沒，但數月前見到一則紙包飲品的廣告時，這段閒談突然重新浮現。廣告宣傳一款港式奶茶的紙包飲品，這款紙包飲品採用「港式奶茶」的名稱，而沒有採用香港不少專欄作者採用的名稱──「絲襪奶茶」。推出任何新產品，名稱至關重要，「港式奶茶」的稱謂平易近人，人人明白是什麼產品，但大約二十年前，香港個別專欄作者標奇立異，用了「絲襪奶茶」這不明來歷的名稱來標榜不少香港人每天都在茶餐廳飲用的奶茶，個別報章的記者更煞有介事，追訪聲稱第一個採用絲襪隔走茶渣的人。港式奶茶一如英式奶茶採用紅茶沖成，紅茶經過發酵，茶葉碎屑，須首先裝在茶包裏。英式奶茶採用的便是事先裝在茶包裏的紅茶。港式奶茶卻另闢途徑，放棄事先裝在茶包的紅茶，改用沖泡綠茶方法，因此必需將碎屑的茶渣隔走才能飲用。隔走茶渣的方法各師各法，是否採用絲襪，對茶的味道毫無影響。個別專欄作者不加思考便標奇立異稱不少香港人每天都飲用的奶茶為「絲襪奶茶」，實在無視香港獨有的文化標記。

港式奶茶裏的混茶智慧

香港的奶茶或港式奶茶絕對堪稱香港文化的標記，港式奶茶的最重要特色在於用不少於三種價錢不同的紅茶，混在一起後才沖製。這種做法令人想起連鎖超級市場出現之前，香港的街道上，米鋪是最常見的店鋪。以前的米鋪不是售賣真空包裝的白米，而是提供四、五款不同品種的白米供客人選購。價錢方面，「元朗絲苗」（即香港新界出產的稻米）價錢最高，「中國大米」的價錢則最便宜。每一個光顧米鋪的客人都清楚明白，除非選購價錢最便宜的白米，否則必定會混入價錢最便宜的「中國大米」，是典型市井小聰明的取巧方式。由於所有米鋪都這樣做，而政府方面沒有任何監管（事實上亦無從監管），因此對這種不老實的做法，市民只能無奈地接受。把三種或以上價錢不同的紅茶混在一起後才沖製奶茶的做法，一如米鋪溝米，同樣是典型的市井小聰明，但卻沒有取巧。或許由於只是市井小聰明，因此在學術層次上，似乎尚未有任何文獻論證「港式奶茶」作為香港文化的標記，最重大的特色在於由三種或以上的紅茶混在一起後才沖製。幸好數年前推出了一款紙包檸檬茶，其電視宣傳廣告刻意說明此檸檬茶由阿撒姆茶、伯爵茶和錫蘭茶沖成。朋友三十年前的一席話確有遠見，廣告界確網羅了優秀的人才，連學術界沒有留意的事物，廣告界中的才俊卻掌握了。阿撒姆邦位處印度東北一角，正好是喜瑪拉雅山南部的山麓，雨水充足，適合種茶，而阿撒姆邦出產的茶享譽盛名。伯爵茶則是一種調味茶，至於錫蘭茶有平貴之分，但茶味濃郁。無論如何，廣告界中人明白用三種以上的紅茶混在一起沖的茶正是「港式奶茶」的重大特色，因而在電視廣告中特別推介！

殖民生活與西冷紅茶

即是說「港式奶茶」的最大特色原來源於市井小聰明！那麼「港式奶茶」是否由市井之徒發明的？回答此問題前，首先要問為什麼市井之徒要發明「港式奶茶」？誰會飲用他們發明的奶茶？到「茶樓」飲茶是不少香港人日常生活的一部分，「茶樓」供應的是綠茶，那麼香港人為何又會像英國人一樣飲用以紅茶沖成的奶茶？奶茶固然是英國殖民統治者所好，但英國人只會用現成的茶包來沖茶，當然他們能用最好的印度茶。沒有人知道（也沒有人關心）是誰發明了用三種或以上紅茶混在一起的方法，但從米歇爾．德．塞托（de Certeau）的角度來看，這種方法是建基於香港勞苦大眾運用了「以彼之道，裨益己身」的對策。[1] 須知道英國人習慣飲下午茶，當英國人老闆外出飲下午茶，三、兩名高級職員或許會伴隨到中環的酒店去。其他人沒有理由留在辦公室發呆，他們亦理所當然地跟隨出去。但他們不可能到酒店去，不過香港中、上環一帶曾有不少「大排檔」，去不到酒店，便去「大排檔」。香港的奶茶極有可能是中、上環「大排檔」的經營者發明的，既然這些中環白領階級仿傚他們的老闆喝「下午茶」，為人為到底，特別為他們泡製奶茶。「大排檔」的經營者或許從米舖的做法得到靈感，但卻絕不取巧。首先「大排檔」的奶茶不似酒店提供的，以預製的茶包沖成，更重要的是「大排檔」的經營者老老實實地告訴客人，他們供應的奶茶是「西冷紅茶」，不是名貴的印度阿撒姆或大吉嶺紅茶。「西冷紅茶」即「錫蘭紅茶」。斯里蘭卡獨立前名為Ceylon，「錫蘭」是中國大陸的文人根據普通話音譯，並且將錫這種金屬和名貴的蘭花相配，十分優雅。「西冷」則是「大排檔」經營者這等市井之徒以廣東話音譯。不少香港人每天都飲用的奶茶原本的名稱是由無甚教育的「大排檔」經營者命名的。由於無甚教育，因而不知道已有「錫蘭」這一優雅的名字。無論如何，「西冷紅茶」這名字告訴人們不少香港人每天都飲用的奶茶的來源。不過這名字沒有告訴人們不少香港人每天都飲用的奶茶是由三種以上的錫蘭紅茶混在一起沖成。這種做法卻已成了常識，香港的茶餐廳全都採用這方法，但每家茶餐廳採用的紅茶不盡相同，將幾種紅茶混在一起時，每種紅茶的比例亦是各師各法，因此每家茶餐廳供應的紅茶，雖然都是採用錫蘭紅茶，都是把至少三種紅茶混在一起沖成，但味道卻不盡相同。值得注意的是香港的茶餐廳同時供應咖啡，但一般都只是採用現成的即沖咖啡，甚少採用咖啡豆磨成的咖啡！

很可能由無甚教育的「大排檔」經營者創造的「港式奶茶」現在成了香港的文化標記，但箇中的意義仍有待探討。這裏只想指出，「港式奶茶」像香港不少獨有的事物一樣，蘊含着身處香港的人，面對曾是「日不落帝國」的英國殖民統治者時，機靈巧妙地把英國人帶來的事物據為己用之時，卻同時因應自身的需要加以改做。更值得注意的是各種「以彼之道，裨益己身」的對策全是來自無甚教育的勞苦大眾！他們除了創造了「港式奶茶」，還創造了什麼富有香港特色的事物？

---

1 參看 de Certeau, Michel (1984), '"Making Do": Uses and Tactics,' 'Foucault and Bourdieu,' *The Practice of Everyday Life*. Trans. Steven F. Rendall. Berkeley, Los Angeles & London: University of California Press, pp. 29-42, 45-60.

自序

寫作是什麼。寫作並不純粹，無法純粹。寫作連接許多，傷痛，記憶，恐懼不安。寫作是寄居酒店，一家換一家，求一個專注於孤獨的空間。寫作是房間裏悲鳴。寫作是安眠藥。寫作的恐懼，是你無法停止懷疑，坐下，寫，不好，再寫，不好，再寫，寫不出來。寫作是關於失敗、關於自覺。

我想寫生命，結果我以自己的生命深深陷入困局來成就寫作本身——尋求自由，而走向失去自由。

困局來自於太多太多無法梳理出脈絡的回憶：我本來也是移民，從內地流動到香港，後來在國界之間流動，思考人的生活狀態是如何形成。以奶茶來書寫人的流動、人的生活狀態，是因為在東南亞街頭，到處都是奶茶與珍珠奶茶，人們在茶檔聚集並且無所不談，似乎是快樂的——奶茶裏連接着生活狀態。

奶茶的流動，與流動的移民，兩者之間的流動，連接的是歷史形成的當下狀態，結果我下筆沉，故事也沉，故事裏頭寫階級、種族與孤寂，等等我們無法以意志來抗拒的現實。奶茶本該是輕的，如今隨着故事沉墮，墮到那種人最真實的生活，沉重的苦難裏——死亡、宿命之類。但這正是我想寫的：沒有什麼離得開生活本身，生活的真實，包括一杯輕如一場笑話的「絲襪奶茶」，如果它是我們生活裏流動的一部分，它就得糾纏在社會結構裏，它無法輕浮起來。無論如何，這是書的本意。

流動是跨越歷史的，恆久的。奶茶、人、移民、國家，都是故事的載體，流動本身才是主題，什麼促使了流動，什麼促使了無法流動。背景是一片太平洋，海上流動的線之中，一條是角色，另一條是時代：故事始於林木在二戰結束以後，在海面從內地移動到香港，和亞叔創造了被取笑為「絲襪」的香港奶茶，亞叔離開香港移動到南洋；羅素從英國移動到馬來亞，開採了馬來亞的天然資源而建立了茶園，而馬大志和古拉的一生都在跨越國界，這時候已經是上世紀六十年代；曼谷無論是一個屬於泰國的曼谷，還是屬於喝珍珠奶茶的國際化的曼谷，伊尼丹以及卡妮一代一代的曼谷人還是在火車上來來回回。只有塔爾諾娜，一種虛空的情感，寄生於所謂的現代化。

書裏的故事大部分都真實存在，角色也真實存在，我的工夫只是把兩條流動的線連接起來：角色與時代，一些細節隨之調動。但組成的，也就是上面提到意志也無法抗拒的現實：階級、種族與孤寂，這成為三個故事的主題。

接着要談到具體的採訪工作。因為瘟疫，我們在一個停擺的世界裏，移動幾乎是不可能的，尤其在國界與國界之間，甚至城與鄉之間。比如說，馬來西亞的故事需要在怡保做訪問，找了一個當地的記者 Sharon Tan 和攝影師 Jules

Rahman Ong，兩人拋妻棄子地，開四個小時的車，到怡保待了三天，當他們回到吉隆坡，疫情的數字上升，吉隆坡和怡保已經斷開，暫時沒有可能回去了。泰國的採訪持續了一段時間，因為奶茶店今天開明天不開，一下封鎖一下開封，一是來自疫情不穩定，二是因為採訪期間那裏的示威突然巨大起來。攝影師 Supachai Ketkaroonkul 住在曼谷四百公里以外，他一夜之間，駕駛到曼谷，會合訪問員 Kade Thossaphonpaisan，不是為了趕上世代要求改變的撼動，而是，他已經預視到塞車或者大型的封鎖即將發生，若不事先移動到曼谷，封鎖後採訪就不可能發生了。

無論如何，書完成了。我要鳴謝身邊一些善良的人。攝影師林振東酒後聽見一個十分模糊的奶茶計劃，竟然一口答應，並且在酒醒以後沒有反悔。黑白相片，是他十年來拍下的，是歷史，是香港，林振東的語言。影片攝影師盧君朗搬一部巨大的4K機器，走中環起起伏伏的斜路拍攝蘭芳園的故事，並且編輯馬來西亞以及泰國的故事，裏頭該要剪輯上千條底片。插畫師麥東記臨急臨忙完成兩幅細緻的圖。中華書局（香港）有限公司編輯白靜薇，人瘦瘦弱弱，推動力氣足以讓我在懷疑的時候，寫得出點東西。一切強大的人，一切耐心容忍過的人，內心都是發亮的。

書是第一屆「想創你未來——初創作家出版資助計劃」獲選作品之一，計劃由香港出版總會主辦，香港特別行政區政府「創意香港」資助。書中關於奶茶的附錄，說明了香港奶茶成為「香港非物質文化遺產」與殖民時代的扣連，也連接到多種族文化下產生的馬來西亞拉茶，以至於都市裏一杯源自於台灣的泰式珍珠奶茶等。冀望你在故事裏讀到的不只是奶茶，而是奶茶存在的當下。

回到寫作本身，書完成了，但書不是目的，寫作也不是目的，到達的是更真實的看見，看見時代，看見當下的存在。

而我只是一個聽故事的旅人。

我路過海邊，收集了三個城市的故事。

故事裏的奶茶與大海共同起浮，或者與歷史共同流動。

「你聽見海浪聲嗎？」

「有嗎？」

「要仔細聽。」

隨旅人進入

奶茶的故事。

第一章 香港

一對絲襪，一杯奶茶

故事原型

我並不知道林木河的愛情裏有沒有愛情，也不知道林木河的太太是否叫周芳芳，所以他的蘭芳園才有個芳字。林木河，生於一九二五年，孫中山去世的那年，這是真實的人生。他二十歲前，已經從潮州來到香港，那年他在碼頭等待三天，本來想到上海，上海的船沒來，結果來到香港，在三角碼頭遇上一位亞叔。亞叔並非叫亞叔，也非洋行的前員工，卻是一位騙人錢財的人物，致使木河的絲襪奶茶茶檔無法經營。當時的海員與苦力都在那茶檔笑說茶袋是絲襪，做茶袋的時候太太告訴木河，「棉襖布最密實，棉花絮也飛不出」。後來林木河開大排檔，結婚、育有六子女，終其一生，他的回憶裏是窮與奶茶，沒有周芳芳。

第一節 瀆神

林木是個小販。

母親為他到教會祈禱三個月，神父幾乎已經相信母親是一位誠懇的信徒時，母親終於開口詢問神父關於逃走的事情。

「許多村民都經過海面逃走。」

「妳想離開嗎？」

「不，是我兒子。」

「神能保佑他的。只是，他為什麼渴望離去？」

「原因和別人沒有多大的分別。」

「他總有他自己的原因，不是嗎？」

母親以更誠懇的語氣，以告解的聲線，說：「是的，他比別人年輕，熱情，他正處於發育時期，他將來會有一個平凡的妻子，一個不怎麼精彩的事業，或者幾個小孩，這樣的一生，必須先離開這裏。」

神父最後被母親打動，但與這段説話毫無關係，他只是想起，時間讓一位母親顯得偉大：她十個月的懷孕，二十年的餵育，如今連續十二個周末來祈禱，也就在等待這場求救的交談。

「一位教友告訴我，他將在兩天後乘船到上海。」神父説。

「船大概什麼時候到達呢？」

「我也不清楚。但我會為妳的兒子誠心祈禱的。」

「神也會保佑你的，神父。」母親如今也長得和教友一樣慈祥。

她回去告訴林木：「兩天後的早上便要出發。」並在兩天內，為林木趕製了一對草鞋。

兩天後，如像一個神跡降臨，林木來到潮州一個面向世界的碼頭。碼頭有許多人在等待，他們的樣子雖然蒼老、着急，但他們的眼神仍然看向遠方，似乎船已經即將到來。林木於是穿過他們，一步一步向海的方向移動，方便船來時提早上船。

等待的時候，林木在心裏感激着神父的神聖，順便想起家裏的四面牆，他剛才出門時，父母與三兄姐並沒有起床與他告別，他或許應該把大哥叫醒，和他説兩句話才起行。如今他已經準備離去。

碼頭後頭等待的人交談起來，他們説着一些瑣碎的資訊，比如船即將到達什麼目的地——爪哇、呂宋、馬六甲，以及一些人前往的追求：

「成為戰後重建的工人。」

母親告訴林木，他該追求的是上海，如此他可以成為商人，有一段擁有金錢與事業的人生。林木對此並不質疑。他相信母親。

一個下午過去，在碼頭等待的人以最擅長的堅忍，忍住飢餓與焦慮。月色開始出來時，有人這樣總結這一天：

「今天大概沒有船來了。」

一些人開始躁動，認為自己被船家欺騙。

「根本就是一個騙局！」「順着來的路走回去吧。」「祈求這裏不會再打仗吧。」

但這只是一小部分不夠堅定的人。月色再暗一點的時候，堅決留在碼頭等待的人，一具一具像屍體一樣躺在沙地或草地。

由於事情來得突然，這時候的林木一方面還在接受神父的食言，一方面試着説服自己，船終有一天會到來。他隨着眾人，在一塊石地躺下，他看見藍色的月光和藍色的海在搖晃，不久這片海就在他的夢裏搖晃。

過了一個早晨，碼頭什麼變化也沒有發生。再過了一個早晨，一切依然。林木也自然必須接受一個事實：等待神比現實更殘酷。

三天裏頭，林木在人群裏注意到一位女生，這位女生似乎舉家逃走，包括兩位母親，以及母親的嬰孩。嬰孩的哭聲一入夜就無法停止，聲音並且響亮。林木因此和女生在半夜裏相視無言，兩人躍起半身，坐着，四處張望，他們如像看見對方，又似乎只在自己沉思的世界裏。只有嬰孩的哭泣。

船在第三天的夜裏到來，沒有人詢問船的目的地，他們說：「讓一讓，讓一讓。」邊說邊推，擠，身體貼身體，盡全力地不留一點空隙，努力擠上船。林木如今以一個守護者的角色，展開雙臂，向着女生喊叫：「妳們站到我前面來。」

他的雙臂包圍起女生家人。後面的人群推送林木向前，林木順着這道力，將女生、嬰孩、兩位婦女送到船上。

林木隨後也踏上甲板，並確認女生一家人安然無恙。

「謝謝你的幫忙。」

「不客氣。」

「我叫周芳芳，你叫什麼名字？」

「林木。」

林木沉默了一陣子，又回過神來說：「來，來船尾坐下，船頭浪大風大。」

船上一切大致順利，除了一件突如其來的死亡事件，以至於林木和周芳芳下船的時候，如像他們的青春已隨一個航程告終。

這件事發生在深夜，一個不輕易察覺的瞬間：嬰孩又在夜裏哭泣，使得船上的人心神不安。忽然海裏來了一個大浪，船被浪推得浮於半空，船上的人都嚇醒過來，女人開始尖叫，「啊——」的起落依着船的起浮。林木趕緊看一看嬰孩，他正在母親懷裏，哭聲更淒厲了。周芳芳拍一拍嬰孩胸口，才拍了一下，一個更巨大的浪湧至，這次把船推得更高，周芳芳的手緊緊抓住船沿，林木因為無法站穩，和船上其他人一樣，由船尾翻滾到船頭，才抓得住船頭的繩。周芳芳一回頭，母親的手裏已空無一物，嬰孩成為海裏不遠處的一團白色物。

母親在周芳芳的耳邊呼喊，吶喊，她竭力，向着嬰孩呼喚他的名字，但那已經成為更遠的白色，逐漸消失。

水手與船員漠然說：「船是向前的，不能回頭。」這是他們海員看待生命的宗旨。

平靜過後，船上的人無法若無其事入睡，有的人開始嘔吐，有的人開始唸佛經……露出各種懼怕的表現，除了嬰孩的母親。她一言不發，成為一條船上最平靜的人。周芳芳擔心不已，林木告訴她：

「快到了，下了船一切就會好。」

船上開始喧嘩，人們驚訝一個沒有農田的城市，碼頭許多貨物，讓苦力搬得吃力，人們把這一切詮釋為幸福，並且讚歎着金錢的美好。嬰孩的屍體，如今已經沉沉深墮海底。而海上的人，正要開展他們的生命。

「這裏是哪裏？」林木問船員。

「西環。」

「西環是哪裏？」

「西環！香港的西環！」

「我們到了嗎？」周芳芳問林木。

「到了，到了。」林木看着周芳芳。

這也等於兩人即將分離。

「我父親是一位商人，你來西環第二街找我。」周芳芳在離去前，告訴林木。

周芳芳與兩位母親離去，已經沒有嬰孩。林木在碼頭一個咖啡檔，成為賣奶茶的小販。

但那是很久以後的事。

第二節／生——生存與生命

一九四五年的九月，海把林木送來一個對他而言只有工人和商人的地方，這裏沒有政治，沒有歷史；歷史發生在未來，不發生在過去。在這裏，學識等於金錢，有識見必成商人之列；缺乏金錢，自然被列為工人，簡單來説，人們生活在競爭裏頭。爭出來的命，一種叫工人，一種叫商人，母親就常跟他説，潮州人是一種命，上海人是另一種命。那是百年以來寫下的宿命。

林木已經感染上一個習慣——説話時不時回頭；他自己也驚訝，恐懼竟然如此容易成為習慣。

四年多前一個晚上，美國總統羅斯福在紐約發表演説，要求國會向日本宣戰：「**a state of war has existed between the United States and the Japanese Empire**」，因為昨天，日本攻擊馬來亞，因為昨晚，日本攻擊香港，因為昨晚，日本攻擊菲律賓。今年八月，日本的皇帝在一個中午宣讀《終戰詔書》。事情雖然如此，人們至今還是無法改變在恐懼裏生活的習慣——説話時不時回頭，而且這裏的街道充滿垃圾。

睡在城市的第一個夜，林木的容身之處是一個樓梯底，而且有瓦，但他一夜難以入睡，四處張望。

第二天早上，他來到西環第二街找周芳芳。那是一家造銅器的店鋪，周芳芳的父親正在為他死去的嬰兒舉行一場奠禮。

奠禮簡單得，一點哀傷也沒有，只是一些冰冷的奇異動作。周父把一條一條很長的黑布，倒掛在店的門口，接着周父捧起一個巨大的西瓜，肅穆立正於店的門口，唸唸有詞。

周芳芳和她的兩位母親，也來到父親兩邊，一家人向着西瓜敬禮，上香。

林木在街角，周芳芳看見他時，是她捧着西瓜，向着天空敬拜時。林木慢慢走向周芳芳，他問道：

「打擾你們了嗎？」

「沒有。他，這嬰兒，是周家第一個男孩，父親認為無論如何，他的屍體也是屬於周家。」

「你父親看上去並不傷心。」

「他並沒有看過嬰兒。他一直專心於自己的事業。如今二媽來到他身邊，他認為二媽比嬰兒重要，二媽也因此平靜下來。」

「這樣很好。」

林木低頭時，眼光正好落在周芳芳手上的西瓜。

周芳芳顯得尷尬：「父親説，丟一個西瓜在海裏，屍體就能浮起來。」

「哦，倒沒聽過這種説法。」

「希望你們能找到嬰兒。」林木接着説。

「是的。」

「還有一件事。」

西瓜太重，周芳芳把它放在地。

「昨天下船後，我到碼頭一家賣咖啡的茶檔，遇上一位鄉里，他叫亞叔。亞叔希望我能找到店主，寫一張保證書，保證我是值得信任的好人。你知道的，我，我並不認識其他人。」

林木説這番話時，一直低頭，一半因為他在提出一個無理的請求，一半因為除了母親，他極少與女性交談。

「如果沒有這張保證書呢？」周芳芳問。

「那麼就需要交點按金。」

「好的，那你在這邊等我一下。」

周芳芳忘了尋屍的西瓜，她轉身就向着父親的店裏走。周父站在店裏，他盡量給予女兒成長的距離，遠遠看着女兒與一個陌生男子交談。

林木時不時窺看周芳芳與父親在店裏對話的樣子。當周芳芳回來時，她展露一臉的笑容，向林木表示，父親願意相信他的人格。

周芳芳隨後邀請林木一同去丟西瓜。林木答應。

林木隨着周家回到碼頭，周父將西瓜丟進海裏的時候，周芳芳以及兩位母親，也就隨着西瓜拋物線的形狀，發出哭泣的聲線，西瓜墜在海浪的擊落，哭泣也如高潮一樣提高語調，只是，高潮裏呼喚的是一個死去的嬰兒。「回來——回來——」一種與生命無關的冷酷。

七天以後，林木已經開始在亞叔的茶檔賣咖啡了，碼頭的茶客在下午開始討論起，一具嬰屍浮現於貨船經過的航線。

碼頭因此而紛亂，乘船的人趕緊跑，跑去看屍體浮腫的模樣，貨船的公司投訴，屍體影響運貨的進度。警察來了，記者也來拍照。經過的苦力沒有時間留神什麼是逝去，什麼是傷感，他們繼續專注搬運貨物。經歷過前些年的太平洋戰爭，城市的重建希望，好像都落在他們的肩膀上。他們失去休息的時間，偶爾在茶檔相聚喝咖啡，也是為了提起精神，專心工作。今天他們不小心談論起犧牲，嬰兒的死亡沒有被看成一條海上流動的生命，那只是一場周家的家事。有人在茶檔裏嘆息：

「真可憐。」

他們憐惜周家在世的人，而且他們認為，嬰兒的犧牲，會換來周家更好的未來，因為生命是一命換一命。

去看嬰屍的人回來，面容扭曲，說：「發脹，脹得面目模糊。」

亞叔為談話的苦力倒上另一杯咖啡，他向着這些苦力展示善意，但他的回應卻毫無善意：「真是奇怪，生命不重要，生存更重要。」

他對這段討論已經失去興趣。他轉身向林木交代：「巡遊的隊伍快來到中環了，我現在要趕過去了。檔口你守着？」

林木本來想去看看周芳芳，如今他只能從茶客的口裏，得到最新的消息。

「好的。」林木回答。

第三節——自由、解放、愛

這亞叔，三十來歲，常年一件細花襯衫，菸癮大，戰後的菸都是地上拾的剩菸，他也抽不停，是他在洋行工作時沾染的習慣。他在中環的怡和洋行裏工作過幾年，那也就成為他榮耀的標誌，於是他自我介紹時常常在吐些菸圈後，說：

「一家以鴉片來主宰香港命運的洋行。」

可這已經是過去的榮耀了，洋行在太平洋戰爭期間，把亞叔解僱了。亞叔依然念念不忘那段在洋行裏説英語的日子。見識對於亞叔來說，是最大的榮耀，他明白榮耀有時候是誤解，而他並不介意製造一些誤解。今天來看巡遊，他是來重拾那種美好的榮耀，也讓別人感覺他是個關心國事的青年。

八月的時候，這個海港彷彿有過一場無主的解放——戰爭結束以後，日本的士兵還在街頭，但人們已經有勇氣向他們丟石頭。除了九龍那邊，因為出現一面國民黨的黨旗，傳言蔣介石要來收回香港以外，人們還未確定中國、美國以至於英國的打算。那兩周，香港好像並不屬於任何國家，但那時候，她比較像一個被各國遺棄的孤兒，人們並不因此而歡喜。三十日，皇家海軍的船到岸，士兵回來駐守時，妓女與酒館的歐洲老闆都對他們表示最雀躍的歡迎。

所以，今天的巡遊是在說明，這裏又歸屬於英國。

亞叔就在英國人回來的巡遊隊伍裏，遇上珍妮。

巡遊隊伍派出各種型號的飛機在滙豐銀行的上空盤旋，亞叔在巡遊的隊伍裏，看見許多國家的旗幟：英國、美國、法國、中國、蘇聯。有鼓聲，巨大的鼓、鑼，有龍在舞，還有一個男孩，舉着一面旗子，爬上一個中年人的肩膀，中年人腳下，是另一個中年人的肩膀。旗子上寫着：Victory。

群眾裏，亞叔看見珍妮的背影，她穿藍色洋裝，遠看像水手。她手裏有一支鉛筆，和一本畫簿，她畫完一張便撕走。她在人群裏又畫又跑。亞叔對她好奇，也就尾隨，隨她停下，隨她尾隨巡遊隊伍跑。

遮打道有一群小孩，起初他們蹲在地上，燃起煙花以後，興奮站起身來拍掌，煙花正好在珍妮眼前奔放，她嚇着，往後退了幾步。馬上她又拿起畫簿，記錄一場路邊的煙花。但她又決定停下，並且把鉛筆收在腰間。她不畫了。她轉身。她走向畢打街的方向，離開巡遊。亞叔在背後觀察她的舉動，他開始不明所以。於是追上前，問珍妮：

「你，你怎麼不畫了？」

「煙花濺到我眼裏了。」

亞叔站在她正面才看見，她眼水流得一臉。

「需要我幫忙嗎？」亞叔問。

「好的，麻煩你了。」

亞叔向着她走近，幾近在親近她的胸前，他彎身，如像親吻一般的姿勢，往她眼裏輕輕「呼」。

「好點了嗎？」亞叔把身體向後退，並看着她的眼，順便注意到，珍妮臉圓，並且腰細。

「是的。謝謝你。你一直在跟着我嗎？」

「是的。我好奇你在畫什麼。」

「我在畫看巡遊的群眾，你也是來看巡遊嗎？」

「是的，一切確確實實又回到過去，英國人又回來了。」

HONG
KONG

兩人在中環散步。

「你難道不希望這樣嗎？」

「我的意思是關於改變，一場巨大的戰爭或瘟疫以後，世界的秩序本來應該發生徹底的變化，但這裏好像不會有什麼改變，商業依然主宰一切。」

「我父親是一位茶商，他為英國人代理茶葉。父親認為，這海港是以茶葉交易建起的。」

「我倒不這麼認為。」

他們走到皇后大道東的轉角。

「像是這裏。」亞叔停下。他指着怡和洋行的建築物：「這裏是我以前工作的洋行，洋行在東角建起第一個建築物，是一個用來儲存鴉片的倉庫。我們今天歸屬於英國，也因為鴉片。」

「我父親說，英國人愛吃，他們愛印度的料理，愛中國的茶葉，結果他們因為香料殖民了印度，因為茶葉殖民了香港，方便與中國交易鴉片。鴉片戰爭以前，英國甚至已開始派人到中國偷茶樹種子，種得成的話，仗也許就不用打了。但他們種來種去，還是覺得中國茶好，到印度真的種出受歡迎的茶時，仗已經打完了，香港已經屬於英國了。」

「你父親或許是有道理的。我的意思是，幾個世紀以來，在海面販賣茶葉或鴉片的東印度公司商人，如今經營洋行，經營船運，他們基本上經營了我們的生活，我們無法否認，未來正被商業掌控——無論如何，這是我在碼頭看見的秩序：工在下，商在上，無法扭轉。」

「在碼頭？」

「是的，我離開洋行後，在碼頭賣咖啡，一個茶檔。如果你來碼頭，看見工人的生活，你會明白我在說什麼。」

「這看來是一個邀請。我會來碼頭找你的，但是我現在必須離開了。」

「真可惜。」

「可惜什麼？」

「我還想為你沖一杯咖啡。」

珍妮回心轉意了。她好像突然想起什麼，取出一張剛才畫的路邊小孩圖畫，問亞叔：

「你認為我畫得怎麼樣？」

亞叔良久沒有回答，他用手順着畫裏幾個簡單的線條。

珍妮於是繼續說着：「我本來趕着到《南華早報》的辦公室，談談刊登這些畫。」

她認為自己是個前衛的歷史紀錄者，以抽象而主觀的創作方式來詮釋時代。

可是亞叔問她：「歷史可以創作嗎？」

「創作也能保持事實本身，它只是一種彰顯矛盾的形式，而且創作能用未來的眼光來回顧，我們明天回顧這場巡遊時，和今天經歷的，該屬於兩種眼光。」

「世間本來就沒有存在一種絕對的事實，詮釋的方法不一樣，看見的事實也就不一樣。」

「不！我相信事實只有一種。」珍妮說。

「那看來我們是兩種截然矛盾的個性。」

「你認為我是什麼個性呢？」

「固執，希望你是擇善而固執。」亞叔看一看珍妮。

「看來你錯了，我並不固執，而且善變。我決定今天喝一杯咖啡，比刊登巡遊的畫重要！」

珍妮本來在香港大學文學院裏就讀，戰事使得一切停頓，包括她的初戀以及學業。如今戰事已經過去，她在想，她的身軀與靈魂該為另一段戀愛而解放了。

亞叔的家，在西環一個天台，面積很大，屋內什麼也沒有，只有書。兩人睡在地上。珍妮依在亞叔懷裏，她說：

「能談歷史是自由。」

亞叔回應：「散步是自由。」

珍妮回予亞叔一個眼神，那是一個亞叔想要的眼神，充滿渴望，「實現吃、喝、拉、睡以及愛的慾望，都是自由。」

早上醒來，珍妮在亞叔身邊，隱隱有一種莫名的孤獨，她走到天台的邊際，遠遠看望碼頭，人們已經開始活動。遠處的海有一片閃亮。她說服自己，孤獨只是來自前一天巡遊的喧嘩。

很難說清楚這種孤獨來自什麼。這是珍妮第二次的戀愛經驗，她大學的世界以外的戀愛經驗，對她來說，她正在投入一個嶄新世界，工人的世界，苦難的世界。

這與父親過去為她所建立的截然不同。父親代理茶葉生意，賣給洋行的洋人以及依附洋人的華人權貴。他的商人朋友，那些地位崇高的洋行夥伴，他們經營大學、醫院，和掌控政治。喝茶，成為高尚的人的一種禮儀，茶裏要放奢侈的糖，奢侈的奶，拿起鑲金的杯子，金色，亮麗，必須緩慢得像是英國的女王才顯得地位尊貴。喝茶的談話裏，經常充滿嘲笑，嘲笑一些不懂得了解時局的偉大人類，像一頭豬一般的嘲笑。

珍妮並不願意如此回想父親，但自從她聽見亞叔說起海裏一具犧牲的嬰屍，她開始確認，苦難以外都是虛空。

她遇上的亞叔，貧窮，但極力擺脱貧窮，他用心經營的識見與智慧，比起她父親還要寬廣。珍妮認為，她能明白亞叔的孤獨——許多人看不見目的，許多人只把手段當成目的，他們誤以為金錢是目的。碼頭的茶檔，對於亞叔而言，是通往寬廣識見的手段。

只是亞叔對於珍妮總有一種輕視，亞叔終究在意珍妮出身於商人家庭，得到龐大的房子以及貴族教育，有些時候，他察覺自己的妒忌時，會在眾人面前，以一個熱烈的親吻來嘲笑珍妮：「世界都為你的天真而傾倒。」他甚至討厭珍妮高貴的善良，顯然是種從上而下的憐憫。即使如此，他還是無法抗拒與珍妮交往的榮耀，這與他炫耀洋行的工作如出一轍。

亞叔把珍妮介紹給林木，並且開始教珍妮沖咖啡。他安排林木招呼苦力，安排珍妮招呼下船的船員，在他們到來茶檔時，以一把情人的聲線開場：

「Gentlemen, welcome to the new oriental!」

APL
MOL

奶茶筆記

訪羅永生：茶葉交易寫下的殖民結構與華人面相

海上茶葉交易，寫下百年不變的宿命，指的是自十九世紀中開始的一百年之間，香港不變的殖民結構。不過，在這種結構底下，華人的故事卻有許多種相貌。著有「解殖三部曲」：《殖民無間道》、《勾結式殖民權力》和《殖民家國外》的文化研究學者羅永生（筆名安徒），他研究的殖民主義不是一種單向的殖民剝削結構，被殖民者被入侵者佔盡利益。他說香港的情況複雜多了，因為在鴉片貿易衰落之後，香港是朝一種自由商埠的經濟形態發展，所以不存在一種單方向的殖民剝削權力關係，包括茶葉交易在內的多元商品交易，使華人不只是被剝削者。有時他們反而是依賴殖民權力而得到利益，所以他稱之為「勾結式殖民」（Collaborative colonialism）。

「勾結式殖民」不只在香港存在，在整個東南亞地區，特別是有華人僑居的地方，都有「勾結式殖民」的影子，它遺留下的文化社會地位結構也是跨時代的。在這些地方，部分華人透過雙語能力，掌握了一種特殊的社會地位，之後又換成經濟地位，甚至政治權力。成功的華人，將洋人的權力轉化為社會文化資本，家族式承繼，以百年流傳。

第一種華人的相貌，是來自依賴洋人的買辦階級，他們沒有自主性，所以他們不敢提出自己的政治主張。他們來回穿梭於中國和英國的權力架構，隨時把忠誠轉移到掌權的一方。他們一方面強調自己血統上是中國人，另一方面又以身為英國子民自豪。而他們主要的文化資本是英語，「識英語就可以和鬼子佬做生意」。「勾結式殖民最顯著的形象是買辦，也就是代理人。他們早期做翻譯，中介人，後來變成洋行買辦，兩邊代理，慢慢自己也變成資本家。」

其實在英國人到達香港以前，東南亞已經存在一個龐大的華人掌控貿易網絡，使這一帶的貿易非常活躍。後來的英國人，很懂得利用他們的網絡，建立起全球經濟，加上英國人擅長的現代性公司管理制度，使得華人依靠這些網絡，在裏頭分沾利益，因此有了社會地位，佔據主宰者的角色，這些人依靠歐洲殖民權力而致富，在其他低下的本土人面前不時「作威作福」，當年曾訪港的中國作家魯迅先生對此頗有批判之詞。

隨着貿易網絡的發展，大量華人於東南亞地區流動，因應時局變遷，透過遷徙來改變命運。他們除了幫助洋行，在東南亞做商品「代理人」外，也聘請其他華人到南洋工作，促進勞動力的流動。這些心向中國的華僑，頗懂得匯集財力，透過大量的海外匯款，回過頭來影響內地的政治及文化，成為介入其他地方包括香港的經濟以及文化、政治的力量。

還有一種是走難的華人，他們來到香港，或者到南洋，成為苦工，或者成為管理東南亞原始土著的管工。在那裏，「階級差距懸殊，要改變很難，至少比今日香港更難。在東南亞的社會裏，一個橡膠工人很難想像明天就能致富。」

「華人的故事在這種背景下，有很多種類。有些在中層，下層的苦工，儲了錢，有小生意做，加上海外匯款等等，合組成香港相對複雜的畫面。」羅永生說。

上世紀三十年代，日本在亞洲崛起，他們以「解放亞洲」作為口號，挑戰西方帝國主義，要證明黃種人不比白種人差。因此，歐洲人主導的亞洲秩序一度受挑戰。一九四六年，是戰爭過後的一個過渡時期，是一個不安的階段。白人打輸了仗，但之後回來，一切又回到原來的殖民結構，但是這時候各地的的民族主義已經被釋放出來了，所以白人回來管治的時候，也感到不安。他們也認識到殖民時代已步入黃昏。

但一九四六年主導香港當時整個社會的，其實是國共內戰，社會分裂成親國民黨派或親共產黨派。那時候社會動蕩、經濟分化嚴重。舊的殖民社會結構雖然勉強維持下去，但失去了過去穩定的規律。強烈的社會不安，是戰後殖民社會一個很重要的狀態。

香港的自由市場是在這樣的「勾結殖民」背景下建立起來，但有自由市場時便有多樣的競爭，只有靠加倍努力和一點運氣才能改變命運；在依靠天然資源的地方，比如馬來西亞，自由市場往往只對強勢的殖民者有利，他們佔據有利位置和既得利益，結構更為固定。

第四節／工人

John Fisher 在悉尼與母親約會時，是他第一次與母親見面。他回頭就忘了母親的外貌。

他看母親，如看一位陌生人，而且是失敗的陌生人。父親是一位倫敦人，英國殖民東方時，父親也隨殖民路線征服東方許多女性。他的母親是其中一位，而且顯然是被拋棄的一位。

如今 **John Fisher** 成為一位海員，遠行到東方。他來自倫敦北方一個小鎮，只有咖啡和寒冷的小鎮，如果沒有戰爭，在那裏，陽光是生活最大的震撼，其他日子如同白紙一張無從説起，而一年裏約莫能有二十幾天震撼。小鎮裏的居民，一到了 **John Fisher** 的年齡，便急着搬向倫敦中心的工廠工作，野心較大的人則用各種方法從海面離開，他父親的同齡人，那時對於東方充滿好奇，於是都成為水手或戰士。但這時的東方，已經與父親在征服女性的時候不一樣了——印度也已經脱離英國管治而獨立，女性開始擁有自己的職業，生活的重心更離散了。

John Fisher 的船從悉尼來，停泊在香港。碼頭一有船來就紛亂，許多種類的叫聲。John Fisher 下船後，感覺這個地方嘈雜，繁擾。他穿梭人群，他遇見珍妮，母親以外的第一個東方女性，向他微笑而道：

「Gentlemen, welcome to the new oriental!」

John Fisher 回覆珍妮一個意大利式的擁抱，並在她兩頰親吻，左邊，右邊。告別與遇見都是同一種親密。

這時候，茶檔的規模已經逐漸清晰了：四個人，兩對情侶，管理兩枱桌子，八位客人。珍妮與亞叔是一對，主外交事務；另一對是周芳芳與林木，主內政。男客人由女性招呼，女客人由男性招呼——顯然是亞叔定下的規矩。於是，John Fisher 成為茶檔的客人時，珍妮自然有了服務他的義務，只是一種義務。

「Tea please!」John Fisher 坐下，並且向珍妮提出要求。

珍妮回應，戰後的茶葉很稀有，茶檔只能提供咖啡。John Fisher 說：

「我明白的。」

隨後，他打開自己的大背包，裏頭掏出一塊白色的布，布翻開來，裏頭藏着點茶葉。他又提出另一個要求：

「請用我的茶葉，並且在茶裏加奶。」

珍妮接過茶葉，用布包起來，她說：「沒問題，但是你也知道的，新鮮牛奶不容易得到，希望你理解。」

「我明白的。」**John Fisher** 回答。

為了達成這宗生意，林木和周芳芳想了想，商量了一陣，很快，他們沖出一杯奶茶，遞給珍妮。珍妮看着林木，並不確定是否應該遞給客人。

「讓他試一試。」林木說。

John Fisher 喜歡林木這杯實驗品。他希望珍妮能轉告林木，「我從未嚐過味道如此濃烈的奶茶。」

「我只是在茶裏加了些煉奶。濃烈的味道應該來自於茶葉。」林木說。

亞叔和周芳芳這時候也好奇起來，他們圍觀着 **John Fisher** 攜來的茶葉，問：

「這是哪裏的茶葉？」

「是錫蘭高山裏的茶葉。我們的船幾個月前停泊在錫蘭。」**John Fisher** 回答。

周芳芳取了些茶葉，與林木研究着茶的苦澀程度；亞叔與珍妮卻對於 **John Fisher** 提起的錫蘭比較感興趣。

「錫蘭怎麼種起茶葉來？」

三個人先從這點討論起來。他們根據各自的知識與經驗，羅列出以下幾個說法：

「葡萄牙人是最早在中國發現茶葉的歐洲人。」

「他們還在錫蘭發現肉桂。」

「十六世紀，葡萄牙殖民錫蘭；十七世紀，輪到荷蘭；十九世紀，才到英國殖民錫蘭。」

「阿拉伯商人，隨着歐洲殖民的路線銷售咖啡。」

「錫蘭幾乎過度瘋狂地種起咖啡。」

「咖啡葉鏽病的出現令錫蘭的咖啡失收。」

「農民在種咖啡的土壤播種茶樹。」

「聽説印度阿薩姆茶的種子，在錫蘭咖啡的土壤裏長出一種特別的香味。」

「十九世紀，錫蘭茶葉第一次在英國市場出現。」

「所以這茶葉是從咖啡的灰燼裏，種出來的。」珍妮這時從對話中推論出一個總結。

林木自覺對茶葉的事開始有點理解，他想：「所以這錫蘭茶的味道比中國種的茶濃烈！」

亞叔認為，海員在海上世界的見識，比陸地的見識寬廣得多。他拉了一張椅子，坐在 **John Fisher** 的身邊，盼望聽他説更多的見聞。**John Fisher** 從他倫敦北方小鎮的沉悶開始説起，珍妮在旁，有時翻譯。

were smuggle

林木卻還在想茶葉的事，他覺得這事情有趣極了，他開始一天花十八個小時在茶檔，其中的下午時間是在看茶葉顏色的變化。他嘗試做這樣的實驗：從八公里外的井裏，以肩膀上的扁擔子挑兩桶水，回來檔口時，保持水盡量不在路上流失；接着燒水，水滾，滾得水面全起泡時，泡錫蘭茶葉；又燒另一壺水，水滾，水還沒有滾熟時，泡茶。

然後他問周芳芳：「哪一杯茶的味道比較濃烈？」

周芳芳指着，手裏比較熱燙的茶。

林木於是把實驗重複一遍，這一次他在泡茶時，蹲下來，注視茶葉隨着溫度的變化：水一熱，茶葉就脹起來，脹得厚起來——茶厚，茶味也濃烈。

停留的海員，時不時送他不同長相的茶葉，以此成為實驗的一員。林木把不同的茶葉混進茶裏，等待茶葉厚起來的時候，混和的茶味更濃，而且不苦澀。

非洲來的海員，告訴林木，非洲的東部在上個世紀主要是種咖啡的，但到了二十世紀也大規模地種起了味道濃烈的茶葉了。

林木隱隱乎從海員的身上看見一個他未曾想像過的世界，他開始更專心研究茶葉的事。周芳芳經常來碼頭，並着父親為林木製造泡茶的銅壺。他們被碼頭的浪漫感染，有時在日落時牽手。結婚的事，周父曾經向周芳芳提起，但林木的住處還是一個樓梯底，周芳芳也就從來沒有作聲，更何況林木的心思常常在茶檔的事務上，像是今天兩人在岸邊牽手時，周芳芳為林木縫製了一條圍巾，林木卻向她提出一個問題：

「你認為，什麼樣的布料最密實？」

「以我的經驗，棉襖布最密實，棉花絮也飛不出。可是，你為什麼這麼問？」

「我在想用什麼樣的布料作為茶袋。如果有一種最密實的茶袋，那麼茶末也掉不出來，茶香會更濃。」

周芳芳隔天便到西環皇后街的裁縫店裏，裁了些棉襖白毛布，她為此沒有去茶檔幾天，專注於縫製。當她完成後，她立刻趕到碼頭交給林木：

「好了。茶袋縫好了。」

林木專注於茶檔的工作，他忘了許多自己説過的話。但是事情總是如此，一個無可追溯的念頭，因着人在意，才從虛無飄渺成為真實存在的物品。林木拿起茶袋，用混合的茶葉，泡起茶來，並且在最後以煉奶取代牛奶，來完成一杯奶茶的實驗。

John Fisher 來嘗試這杯奶茶時，他全身都是隔夜的酒氣。他們這些海員，自從下船那天，下午至凌晨都花在沿海的酒館。**John Fisher** 常去這些酒館，一醉起來，説來説去都是一樣的話：「你知道嗎？我對於東方的美麗實在是後知後覺。」通常説話的對象是他在灣仔酒館遇着的菲律賓或泰國女人。

今天沒有女人陪他來茶檔，一夜的酒使得他必須來茶檔，向林木說：「**Tea please!**」

結果林木端給 **John Fisher** 一杯奶茶，用他的錫蘭茶葉研發的奶茶。**John Fisher** 說，這種味道使得他想起他的家鄉：「你知道嗎？這個味道，跟優雅貴族喝的奶茶不一樣，它是一種慰勞工人的味道——濃烈、提神，工廠的工人在下午四點的休息時間最愛喝。」

「你喜歡嗎？」珍妮坐下，在客人不多時，與 **John Fisher** 交談起來。

「當然。這個味道屬於十九世紀，屬於工人的味道。」

「你說話真有趣。告訴我，你來這海港已經幾天了，你喜歡這裏嗎？」珍妮問。

「老實說，並不。我並不喜歡潮濕、密集，尤其是西環，尤其是碼頭。可是很奇怪，我每天起床，自然而然就來這裏。每個晚上的宿醉快要把我殺死。」

「是女人要把你殺死，不是酒。」

茶檔成為一個實驗室，許多海員與苦力也來茶檔嘗試林木的奶茶，彷彿在搶先成為推動實驗成功的重要官員。

「像在酒店裏喝一杯英式奶茶。」其中的苦力這樣說。

但是海員們察覺到不一樣的東西，他們注意到林木沖茶的茶袋，其中有人叫喊：

「那是絲襪嗎？」

苦力們運送過絲襪，他們之中，極少有人看過穿絲襪的女人，更何況在太平洋戰爭以前，日本的軍隊開始以帝國的姿態侵略中國時，英國一位子爵夫人就發表演説，説英人不該穿日本絲襪，因為購買絲襪的金錢，皆作為屠殺人類之用，不應明知故犯。絲襪成為一種政治性的違禁品，一種屠殺人類的工具！

只有海員們能把這當成笑話，飄浮的日子給了他們一種豁然並且幽默的生活態度。「是絲襪泡的奶茶嗎？」

然後他們談到女人。

然後他們談到床上的女人沒有為他們穿過絲襪。

然後他們談到女人也成為工人，她們經常作堆，集體精神似乎可以打發細碎而沉悶的工作。

然後他們又喝一口安慰工人的奶茶。

在這般混亂之中，珍妮和 **John Fisher** 的對話繼續下去：「其實你不必來東方。」珍妮對 **John Fisher** 坦白起來，「到哪裏都是一樣，都是沒有道德、金錢亮麗的景象。」

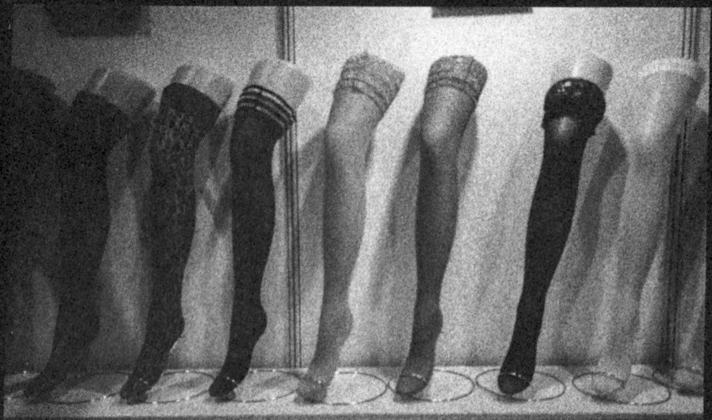

第五節 ／ 公平

亞叔消失了幾天。直到 **John Fisher** 的船快要離岸的剎那，他才終於出現。他手裏是一筆賣奶茶得來的錢，林木的血汗錢，以及從珍妮家裏騙來的資金，登上那艘前往馬六甲的船。他微笑，一種美好的微笑，他在計劃如何展開他的生意，成為主宰他人的商人。

他並不因為金錢而離開，金錢是一種工具，讓他通往一個充滿榮耀的世界，包括知識，包括經驗，包括可以掌握權力，不再處於一個社會的底層。在戰爭的壓抑過後，這裏的商業更加受到肯定，人們對於各種商品，包括食物或者奢侈品的渴望愈來愈強烈，這裏開始有了服務的行業，工人成為實現他人慾望的工具。他幾乎肯定，他若不離開，他將一生成為這裏的底層，沒有改變，又或更底層。

他花了些心思設計一個精密的騙局，並在奶茶賣得熱烈的時候開始執行，林木以及其他的人都在注意善良，而且認為金錢與善良可以並存，以至於亞叔在行騙成功的時候，發現自己已經一步一步失去道德，並且連撒謊也不羞恥。

他首先在珍妮身上着手，當珍妮有一天哭着告訴他，她的父親生意失敗，因此欠了許多債務。亞叔安慰珍妮，幾天後，他向珍妮提議，讓父親投資在茶檔的生意，林木的奶茶實驗看來很受歡迎，它將比咖啡更受歡迎。「你父親可以考慮代理錫蘭茶葉來香港。」

珍妮想想，說：「可是他如今已經負債。」亞叔很快回應：「所以才需要打開另一道門。」

亞叔還因此拜訪了珍妮的父親，林木也隨行，他負責用一杯細滑的奶茶，來加強投資的說服力，當然，奶茶細不細滑只不過一種抽象的印象，亞叔的推銷語言很容易可以模塑。見面的細節，林木和亞叔在得到一筆金錢後已經忘記，他們驚訝許久的，倒是半山屋子的舒適——正門有一道扭曲的樓梯通往大廳，大廳分隔老人與年輕人的生活，一方向東，一方向西，各不干涉對方的獨立人格。屋子裏許多盆栽，綠色顯得平靜，而且有一排落地的窗，光明也讓人平靜。

林木和亞叔離開時，沿扭曲的樓梯一步一步旋轉，忽然有種「世間何必如此嘈雜」的感悟。亞叔還因為察覺這種感悟，停留屋外抽了幾根菸，菸頭落在地上，成為一件相當不適宜的垃圾。

抽菸的時候，亞叔回想起剛才的會面，確定了他對珍妮的陌生。她父親一點也不像欠債的老人，他一腔熱血訴說，中國會成為一個發展穩定的國家，他真想回到自己的故鄉實現一個茶葉王國的夢想——「你們年青的，不熟悉這個地方，香港這地方簡直目光如豆，一個小地方，這裏無法建立自己的政治，無法強大起來。」

老人家並且在交錢的時候，用了一個期盼的眼神說，錫蘭茶葉這筆投資回本之時，他馬上會還清欠洋行的債，回去一個真正強大的地方東山再起。

「是啊，人應該要追求美好。」亞叔回答。

亞叔的答話是說給自己聽的。這筆錢，亞叔真的把它當成投資，只是並非投資到錫蘭紅茶，而是投資在他自己身上。他看見珍妮父親擁有一個美好夢想時，他也向自己發誓，「我會回來還你一筆更大的回報，終有一天，我會的。」

亞叔還沒有決定離去以前，珍妮來家裏找過他。「你沒事吧？」珍妮問他。

「我沒事。」亞叔說。

「怎麼消失了？」

「我沒事。」亞叔說。

珍妮給了亞叔一個擁抱，她雙手搭在亞叔脖子的時候，亞叔感到整個人放鬆下來。這幾天他被這個沉重的決定佔據了他的專注力。珍妮在他面前出現，使他感到快樂，但他內心深處始終處於沉重的憂傷裏，因為他正在決定離去，而珍妮對此一無所知。

「John Fisher 他，他向我求婚了。」珍妮說。

珍妮走向屋外的天台，向海的方向。「他說我是他在東方遇見的第一個女人，他相信我與他的生命，會在這裏繼續交集。」

「你答應了嗎？」亞叔問。

「當然沒有，我拒絕了。」

亞叔沉默，在屋裏。

「你希望我答應嗎？」

「我並不能左右你的選擇。」

「但你能左右我的快樂。」

亞叔看着屋外的珍妮，她身上總有着香味，她的香味留在屋裏，跟這個破爛的閣樓一點也不相搭。她說話的聲線溫柔，輕軟，像是從來也不悲傷，不困惑。而亞叔他自己，他經常陷入無可自拔的困擾，如此他就在這種困擾裏——他的生命似乎將無法有任何改變。

屋外的珍妮，像是一塊鏡子，照見屋裏的亞叔。屋外的珍妮是自由的，她處於這個城市裏，得到資源的一群，一個上海家庭，一生以來的貴族教育，即使是戰事也沒有剝奪她生命裏的資源，她可以繼續求學，她可以常去大學的圖書館，她有許多西方同學，她與他們平等相視，她靈魂已經被解放，她人生是流動的。屋裏的亞叔，他看見自己得來的一切都是吃力的，他游泳三天來到這個地方，那時候連這裏叫香港也不知道。他睡在洋行外的大街，一年後才偷學點英文，成為洋行的小員工，從此他每天穿一件花恤衫上班，因為他開始執着於別人對他的眼光。他看報、他讀書，他學習語言、練習笑話，他攀附許多洋行裏的華人同事，才升了職。戰爭似乎磨滅他種種努力，使得他在碼頭從一個茶檔重新開始另一次的努力。如今他看見，碼頭在流動，但那只是工人與工人之間的流動，工人與商人之間是切斷的，只有面向世界的商人能主宰這裏的流動。

即使是珍妮，珍妮的父親，一個失敗的茶商並沒能主宰什麼，至少珍妮因此擁有的資源比亞叔多。「她比我自由」，亞叔這樣認定。

珍妮招亞叔一起回去茶檔，在路上，亞叔問珍妮：「生命該是輕的還是重的？」

「生命本來已經很重了，我們可以很輕很輕地面對。」珍妮說：「你在想什麼呢？」

「我在想，我的生命那麼不容易，而你如此輕鬆。」

「為什麼你覺得我比你輕鬆？」

「你已經擁有許多了。」

「那只是你所看見的，我所看見的，是你擁有的比我多——你有你的視野，你的茶檔，你過去的經驗，這些都是我無法得到的。」

「可是，我無法達到你所擁有的資源，我人生至此已經如此努力了。」

「我們似乎都活在一種宿命底下。」珍妮說。

「所以我必須走出這種宿命。」亞叔說。他說這句話時，心裏那麼悲傷，那悲傷來自於他明確地看見珍妮的優勢，也來自於他的自憐，他想，珍妮是永遠無法明白我的。

他們依然走着。「或許你應該答應 **John Fisher** 的。」亞叔接着說。

珍妮停住腳步，她看着亞叔，什麼也沒說。

「你和他，才是平等的。」亞叔說。

亞叔正在等待珍妮的回應，但珍妮什麼也沒說。她只是徑直走往茶檔，**John Fisher** 已經在茶檔等待珍妮回來，他一看見珍妮，便給了珍妮一個擁抱，並且在她的臉頰親吻，像他們第一次見面那樣。珍妮又聞到他身上的酒氣。

亞叔這時候已經確定，他希望到達一個遠方，在那裏，努力的工人可以成為商人，沒那麼聰明的商人也會成為工人，沒有宿命，沒有被寫下的命運。他並不認為，苦力與海員嘲笑林木沖奶茶的茶袋為「絲襪」是一個善意的笑話，在他眼裏，那是出於工人與商人的界限——絲襪等於工人不可褻玩的慾望。

想到此，亞叔心裏又有不可熄滅的憤怒，於是他又進一步向不道德邁進。對於亞叔來說，道德的界限是逐漸逐漸失去的。這是一個艱難的決定，特別是得把茶檔偷偷賣掉這件事，讓他猶豫許久。他決定，將茶檔賣掉。他決定，隱瞞林木和周芳芳，用更高的價錢，把茶檔頂讓給其他人，如此一來，他不必分出任何的利潤，他可以有更大一筆資金，到達他所追求的遠方，到了那裏，他落腳以後的生活也容易一些。一切反正自然而然發生，即使是他自己，也找不到一個答案，為什麼在這個年頭他必須離開，但這種想法自然而然出現。

John Fisher 叫了一杯奶茶，周芳芳沖的，林木教她。亞叔趁着 John Fisher 喝茶的時候，跟他說了一些話，沒有人聽見他們聊了什麼。

再過了些日子，John Fisher 的船要離岸了，他的海員同事正在與他們的女伴卿卿我我，告別之前，真誠或假裝真誠的不捨已經成為禮貌的一部分。John Fisher 倒是自在，他一點也不像即將離開，他依然每個早上和一些女伴來茶檔，要茶解酒，即使他已經向珍妮求了婚，並且還在等待珍妮的回答。等到船離去那天，好像半個香港的人都來送別，或者只是來送別一艘大船離開。上船的人不是 John Fisher，而是亞叔，眾人都看見了。船離去的時候，亞叔成為了 John Fisher，而 John Fisher 成為了亞叔，兩人交換了身份，一個留下，一個離去。

奶茶筆記

一場絲襪風暴

時代給了絲襪與奶茶這些無辜物品一些不同的含意。取笑奶茶為絲襪，是一種高級的笑話，因為二戰後的絲襪，是一種奢侈品。

戰後世界很多地方的物資都仍然短缺，如牛油、雪櫃等，但當時女性對尼龍製絲襪的渴求，卻引起了今天的人未必想像到的風暴：美國出現不止一次有長長人龍在店前排隊搶購絲襪的情境。絲襪用尼龍製作，而戰時大部分的尼龍，都以國家軍防用途優先，比如製造降落傘，或者軍營裏的帳篷。發明尼龍並以此製作絲襪的杜邦公司，在戰後重新開始生產尼龍絲襪，期望回復戰前的產量，但過程需時，無法立即滿足市場需求。在一九四六年六月十二日這一天，美國的匹茲堡（Pittsburgh）發生了一場特別震撼的「尼龍風暴」。

當日東區利伯蒂英（East Liberty）一家店舖限量發售一萬對尼龍絲襪，對象只限於「工作女性」。夜裏，約四萬個工作女性來到店前排隊，等待一萬對絲襪。她們幾乎是排除萬難，因為那晚的暴雨快要洗刷掉整個城市，她們得拿着報紙，或者傘遮擋。可是，事情的轉變在於一群突如其來的男性，他們站在店舖對面，遠遠嘲笑排隊的女性，那些女性當然回嗆。結果，警察來了，等待絲襪的女性更抓狂了，她們推開警察，並且揚言要殺掉前面插隊的男子。而女性之中，後來也分裂互罵，她們雖然為了共同的目標來到店前——美麗的一雙腿，但凡是有人插隊，無論男子或女子，也要面對群眾的詛咒，比如以粗言指罵，又或者，扯起頭髮，用五爪抓破臉。這真是排除萬難，無論惡劣的天氣、飢餓、疲憊，或者所有東西加起來，也無法阻止這些女性購買絲襪的決心，而唯有店門緊閉，才得以停止這場等待絲襪的「尼龍風暴」。直到午夜，該店比平常晚了兩個小時關門，外面排隊的人還有一千多人。

那時，女性在乎絲襪的渴望，甚至在一九四三年時就被寫成了流行歌曲〈When the Nylons Bloom Again〉：

Gone are the days when I'd answer the bell
Find a salesman with stockings to sell
Gleam in his eye and measuring tape in his hand

I get the urge to go splurging on hose
Nylons a dozen of those
Now poor or rich we're enduring instead
Woolens which itch
Rayons that spread

I'll be happy when the nylons bloom again
Cotton is monotonous to men
Only way to keep affection fresh
Get some mesh for your flesh
I'll be happy when the nylons bloom again
Ain't no need to blow no sirens then
When the frozen hosen can appear
Man that means all clear

Working women of the USA and Britain
Humble dowager or lowly debutant
We'll be happy as puppy or a kitten
Stepping back into their nylons of DuPont
Keep on smiling to the nylons bloom again
And the WACS come back to join their men
In a world that Mr. Wallace planned
Strolling hand in hand

M1 Hotel
northpoint
hong kong

第六節 ── 六倍租

戰爭剛結束的時候，這裏只有五六十萬人，今年的人口已經超過二百萬了。亞叔走了，人們也因為各自的原因持續流動。

林木與周芳芳對於亞叔的離開毫無準備，那天他們回到茶檔，茶檔已經被另一人佔據。珍妮來到茶檔時，告訴他們：「亞叔家裏，連花恤衫也消失了。」茶檔那人告訴林木：「他老早把檔口賣掉了！」

林木失業，一些認得他的人，常揶揄他：「林木，可以來一杯絲襪奶茶嗎？」這種話使得林木想起亞叔的背叛，林木認為，那茶檔，那第一杯絲襪奶茶，是他們之間的承諾，他無法理解亞叔離去的原因，但賣掉茶檔，而且一聲不響地進行，是一種不光彩的行為，他無論如何無法原諒。這樣回想起來，林木的情感遠比憤怒複雜，當初林木飄流到碼頭，一下船，亞叔給了他一份工作，他在這地方才有了居留的尊嚴。

只是如今，他失業，也是因為亞叔的決定。

「我們找個檔口，自己經營一個茶檔好嗎？」周芳芳問林木。

「那要花很多錢。」

「不，我們可以租借別人的檔口，許多人的生意都是這樣開始。至於第一筆租金，我可以開口向父親借。」周芳芳說。

林木和周芳芳一致認定他們的茶檔要設在中環，這裏是工人與商人的中心，這裏有碼頭生意，有苦力，有白領；山上是住在半山的西方人，山下是看管秩序的警察。

周芳芳在一個傾斜的石階路邊，找了一個檔口，並且向一位老檔主租借，綠色的，鐵皮的頂，兩張桌子，各自圍繞四張椅。林木與周芳芳的婚禮，也在此進行。他們請來周芳芳的父母見證，以及潮州的鄉里、為他們代理錫蘭茶葉的茶商。

珍妮也來了，她是來告別的。「我即將到倫敦了，父親已為我安排了學校。」她沒有提起亞叔，也沒有提起 **John Fisher**。林木或周芳芳，也沒有告訴珍妮，**John Fisher** 沒有離開，他忠於他風流的生活，有時還是攜些女伴，酒後的清晨來檔口喝茶。他是唯一不變的人。

時間已經來到六十年代，百貨公司、銀行、地產公司，都開始盛放，那些工人，下午都來茶檔。老檔主在一天下午也來喝了一杯奶茶，他順道告訴周芳芳：「市道景氣了，你們的奶茶一天最少也賣一百杯了？」

「沒有，沒有，哪有那麼多呢。」周芳芳笑笑。

「物價都漲起來了，這租金，看來也該漲了。」

「老闆，你別開玩笑。」

老檔主沒有露出一點笑容。周芳芳於是問起一個實在的數目，「那你認為我們一杯奶茶該漲多少倍？」

「六倍。」老檔主說。

周芳芳和林木這時候已經有了孩子，孩子已經三歲。老檔主堅決加六倍租金，林木如今已經成為一個堅決的人，他去找檔主，並且幾乎以一把憤怒的聲音來配合：「這不合理，我們一天要賣多少杯的奶茶，才交得起多六倍的租金？如果你堅持這個租金，我們一家人也會一樣堅持，睡在門口守住我們的茶檔，我們將以身體反抗這種不講理的市場！」

「合約結束以後，請你們馬上離開！」檔主老闆說。

林木在合約結束的那個晚上，在收檔以後，沒有離去。他們一家本來居住在老虎岩的徙置區，貧窮幾乎是那時生活最平淡的形容。那個晚上，他們安排孩子在一張棉被裏睡去，兩人直直躺在冰冷的石階地，孩子躺在林木身上，這是檔口旁邊一個樓梯底。

林木一夜無法睡，四處張望。他看見，他眼前的建築物，樓層逐漸向天空延伸，黑夜裏開始有霓虹燈。他在這裏已經二十年有多了。他一回頭，亞叔與珍妮已經過去，他們已經是失去的一部分，而他和周芳芳的愛情裏，一直以來，由戰爭結束，直到城市開始繁華，都只有生存，以及一杯又一杯的絲襪奶茶。

醒來以後，林木和周芳芳翻開桌子、椅子。老檔主來了，他們告訴老檔主，無論如何也不會服從於六倍租，但這檔口將是他們的生命。糾纏了幾個月後，茶檔又屬於林木和周芳芳。奶茶裏的流動延續下去，許多年以後，他們聽說，亞叔到了馬來西亞，成為一個了不起的商人。

一對絲襪，一杯奶茶，本來是兩樣不相干的事物。

縫茶袋的時候，周芳芳告訴林木，
「棉襖布最密實，棉花絮也飛不出」。
結果茶袋做好了，茶把茶袋染成褐色，
海員與苦力都在那茶檔笑說茶袋是絲襪。
這笑話，流傳在蘭芳園的故事裏。

Practicology
冷熱飲品
蘭芳園
精美小食
LAN FONG YUEN
Lan Fong Road
蘭芳道 1-27
蘭芳園
自製咖啡
衛生飲品
各式餅食

喜發財

CASH ONLY

Lipton

衛生飲品
本店營業時間
星期一至星期六
早上7時30分至
晚上6時正
逢星期日休息
yeti
注意

當奶茶成為非遺時

所謂「非物質文化遺產」，源自聯合國教育、科學及文化組織於二〇〇三年通過的《保護非物質文化遺產公約》。非物質文化遺產可在各社區和群體適應周圍環境以及與自然和歷史的互動中，被不斷地再創造，為這些社區和群體提供認同感和持續感，從而增強對文化多樣性和人類創造力的尊重。當中包括五大類：一，口頭傳統和表現形式；二，表演藝術；三，社會實踐、儀式、節慶活動；四，有關自然界和宇宙的知識和實踐；五，傳統手工藝。根據《公約》，人們應採取措施確保非物質文化遺產的生命力，包括立檔、研究、保存、宣傳、傳承和振興等。

而港式奶茶，其濃郁的味道、一連串的製作技藝，反映了歷年中西飲食文化在香港的交融與發展，以及本地市民的生活和飲食面貌。因此，香港政府於二〇〇八年成立的非物質文化遺產諮詢委員會，在經過普查、研究、實地考察和諮詢等工作後，將港式奶茶製作技藝定於首份香港非物質文化遺產清單之中，並歸入傳統手工藝一項，獲政府確認，於二〇一四年六月公布。港式奶茶製作技藝於二〇一七年被列入首份「香港非物質文化遺產代表作名錄」之中。

奶茶筆記

港式奶茶的前世今生

一六三七年，英格蘭船長韋德爾（Captain Weddell）帶着英王查理一世的信，率商船隊來到澳門附近一帶，期望強行打開在廣州通商的大門。當時一位隨船來到亞洲的英國商人、旅行家蒙迪（Peter Mundy），留下英國人喝茶的最早書面記錄：茶——那只是一種加上某種草葉煮的水。語氣平淡得，還不知道中國茶葉即將風行歐洲，更不可能知道他所喝的，名為茶的飲料，會有份催使香港變成英國殖民地，並在多年以後，兜兜轉轉，在這個小城中衍生出一杯地道、親民的港式奶茶。

愛上茶的英國貴族

那個年代行銷世界的茶葉都來自中國，於十七世紀引進英國，價錢昂貴，被視為奢侈品，平民不易得到，小小的一箱茶葉，就曾是一六六二年時葡萄牙公主凱薩琳嫁給英國國王查理二世時的嫁妝之一。凱薩琳進入英國王室後，喝茶漸漸成為宮廷時尚，英國那些上層貴婦，受到她的感染，都成為了茶葉愛好者。加上法國巴黎的貴族階級也喝茶，據説在茶裏加奶的做法，是由法國一位喜歡舉辦沙龍的女性 **Marguerite de la Sablière** 開始，再傳入英國；另一方面，一六六〇年代，一位倫敦咖啡店老闆 **Thomas Garway** 也曾刊登一則廣告，上面特別寫到用水和牛奶泡的茶，具有強健內臟、預防結核病等效用，或許也起了推廣奶茶的作用。總之，喝茶，甚至是喝奶茶，在那個時代成為了上流社會以至英格蘭婦女之間，流行用以展現品味、表現禮儀的方式。

英國詩人 **Edmund Waller** 在一六六三年曾寫詩如此讚美茶與喝茶的王后：

> *Venus her Myrtle, Phoebus has his bays;*
> **Tea both excels, which she vouchsafes to praise.**

The best of Queens, the best of herbs, we owe
To that bold nation which the way did show
To the fair region where the sun doth rise,
Whose rich productions we so justly prize.
The Muse´s friend, tea does our fancy aid,
Regress those vapours which the head invade,
And keep the palace of the soul serene,
Fit on her birthday to salute the Queen.

On Tea Edmund Waller

間接牽起戰事的茶葉

英國人對茶的需求不斷增加，喝茶文化也由上而下蔓延開來，成為英國人不可缺少的日常生活。一七二五年，壟斷了英國對華茶葉貿易的英國東印度公司，每年從廣州輸入英格蘭的茶葉有二十五萬磅，至一八〇五年，更是有近百倍增長，每年給英國運送的茶葉，已達到二千四百萬磅。

由於中國幾乎是茶葉的唯一出口國，英國不斷從中國進口茶葉，可是，英國商品在中國的市場不大，以致英國白銀大量外流，直至鴉片買賣的冒起，改變了這種形勢。英國東印度公司有規模地在印度大量種植罌粟，增加鴉片產量出售，同時以收入購買茶葉；其他商人亦加入競爭，致使鴉片售價下跌，中國的鴉片消費人口持續增加。雖然清廷早於一七二九年下令禁止鴉片，但英國商人仍能不斷將鴉片走私到中國，終致貿易形勢逆轉。中國不僅流出大量白銀，上自士大夫，下至販夫走卒，吸食鴉片的人非常多。一八三九年，清廷欽差大臣林則徐於廣東虎門銷毀英商鴉片，引發衝突，觸發第一次鴉片大戰……其餘的都是歷史，清廷戰敗，於一八四二年簽訂《南京條約》，開放五個通商口岸，香港島割讓予英國，香港成為了英國殖民地。

一連串的風波以後，那杯最初在英國上流社會流轉的英式奶茶，毫不意外地傳至成為英國殖民地的香港，成為香港上流社會以至酒店裏的高貴飲料。然而，英式奶茶在流轉的期間，由價格、茶源、沖泡方法都出現各種演變，我們今天常喝的港式奶茶，早跟當年專屬於上層階級的英式奶茶迥異。

被偷到印度的中國茶樹

長久以來，英國東印度公司藉着皇家賜與的特權壟斷東方貿易，靠茶葉以至鴉片貿易賺取豐厚利潤，但十九世期初期，英國社會出現愈來愈多聲音要求打破這種壟斷局面，它在印度以至中國的貿易壟斷權先後被取消；加上鴉片戰爭後，鴉片貿易存在不明朗因素，英國東印度公司為了另覓出路，減少對中國的依賴，便想到要在別的地方製茶。其中印度雖有來自阿薩姆省的印度原生茶，惟當時的品質味道不及中國茶，他們便動了將中國茶樹「偷」到印度種植的念頭。

一八四八年，英國東印度公司聘用蘇格蘭植物學家福鈞，委託他深入中國內陸，偷取上等的茶樹和種子，並尋找願意遠赴印度傳授製茶技術的製茶師，希望能在印度喜馬拉雅山脈出產足以在歐洲市場跟中國茶競爭的茶葉。最後，福鈞完成所託，從中國將茶樹引進印度，幾經培育，印度出產的茶葉質量大大提升。

自此，印度出口英國的茶葉逐漸增加，甚至超過中國的出口量。由茶葉在英國出現開始，茶葉進口量增加、不再單一的茶源、英國東印度公司的壟斷被打破，以至船運的進步等，都令茶葉價格不斷下降，使茶一步步由王室走進街頭，由王后的纖纖玉手，來到平民百姓磨出繭的手上。即使是十九世紀的英國工人，也有了在工作的休息時段喝茶的習慣。

走入香港的錫蘭紅茶

除了印度茶，錫蘭茶也在十九世紀八十年代發展起來，加入英國市場。錫蘭（即今日的斯里蘭卡）原本是栽種咖啡的，但一八六五年，當地的咖啡樹因為受咖啡葉鏽病感染而失收。一八六七年，到過印度學習種茶的蘇格蘭人 **James Taylor**，來到當時也是英國殖民地的錫蘭，生產了第一批錫蘭茶，取得成功。另一位英國人 **Thomas Lipton** 更於一八九〇年，以錫蘭紅茶創立英國紅茶品牌「立頓」，深受英國人歡迎。一九三五年，立頓透過香港美商公利洋行作總代理，進入香港市場。時至今日，我們都知道斯里蘭卡出產的錫蘭紅茶是港式奶茶常見的原料，因為味道較濃烈的紅茶一般跟奶茶較為相配，如果茶味不夠濃烈，會被奶味蓋過茶香，而錫蘭茶葉便是其中一種適合之選。

就此，一杯杯香濃奶滑的港式奶茶，在天時，在不同檔主、水吧師傅的雙手底下，逐漸成形，並跟早年的茶水檔，以及上世紀五六十年代出現的冰室，以至後來的茶餐廳一起，早已成為香港人生活的一部分。如今奶茶已是工人、上班族，男男女女，不同年齡的人的日常飲料。不起眼，不高貴，卻有着讓人提起精神，展開一天工作的味道，味道當中還混和了香港長長的記憶，包括過去那些不同地方交錯出來的歷史。

為什麼英國人偏好紅茶

說到英國人喜喝茶，一般都會想到是喝紅茶，而非綠茶。紅茶除了比綠茶適合加奶和糖，英國人之所以對紅茶需求較高，有論者指，那是因為當年糖在英國供過於求，而喝紅茶正需要加糖，增加糖的消耗量，綠茶則不能。此外，福鈞在中國的綠茶廠發現當地人會在茶葉裏加上不利健康的色素，讓綠茶顏色變得更為好看，以利銷售。福鈞在一八五一年的萬國博覽會上，展示了這些綠茶化學染劑，令當時的英國人不敢喝綠茶，偏好紅茶。

第二章

馬來西亞

奶茶裏的種族

故事原型

馬大志在非洲的時候，古拉人在倫敦。兩人的一生直直遠去，毫不相干，不交疊，等於看兩條直線，或者兩個種族。

這章述說四個階級：英國人羅素，華人馬大志，印度人古拉，還有一個隱藏的階級馬拉人。英國人羅素的故事大部分屬實，他是馬來西亞茶葉品牌 Boh Tea 的原創者，一個世紀以前他之所以經營起茶園，那本錢來自於錫礦生意、橡膠生意，來自於那些華人、印度人流動到這裏成為工人。這奠下馬大志與古拉兩種工人與奶茶的關係。

馬大志是廣東來的移民，來自一個錫礦家庭，他叫 Chee Siu Kong，別人叫他 Chee。他父親從廣東來到馬來西亞成為錫礦工人，馬大志認為，他自己，理所當然也走向錫礦工人這條道路。馬大志述說的過去，大部分關於職位，關於他如何一步一步成為管工，到印尼挖鑽石，到非洲採紅火石，負起更多責任，而且他正好在羅素創下的馬九錫礦公司裏工作過。馬大志如今已經退休，他總結人生時說：「現在每天做的事情就是喝茶，沒有其他的事情，那可能不是一件好事。」

古拉是個印度來的移民，來自一個橡膠家庭，他的名字是 Kulasegaran，幾乎馬來西亞人都熟悉的名字，他已經成為國會議員約二十年了。許多馬來西亞人都知道他的過去，一個在橡膠園裏成長的小孩，牽牛牧羊，去倫敦讀了書以後成為律師，後來加入政黨成為政治家。他說起父親在每個早上在意一杯用新鮮牛奶煮的印度奶茶（Masala Chai），說起母親十二歲開始生小孩。他的政治提倡裏經常提起，馬來西亞的印度工人是「三等公民」：馬拉人、華人，接着才是印度人。

我們來看許多年以來的種族故事。

第一節／陌人

羅素到達雪蘭莪的時候，那時是十八世紀末，這裏還沒有一個國家叫馬來西亞。他隨着父母，以及三位兄弟來到這裏的時候，只是一個六歲的小孩，他的父親經英國的中介公司轉介，來到這遙遠、原始的雪蘭莪，在一間報紙印刷廠裏做管工。這份新工作給予父親一份足夠養起四個孩子、一個妻子的薪酬，以及炎熱的天氣，羅素一家人在這裏居住下來。

大概在三年以後，羅素的母親在平凡的一天裏死去——她陪伴羅素大哥上學時，坐的馬車翻倒。羅素的父親，把他送回英國，等到六年以後，羅素已經十二歲，才又回到這個炎熱的海城。

但這次羅素不是回到雪蘭莪，他在吉隆坡讀書，並且學習馬拉話。他又在當地的 **Market Street** 找到一份工作，那是一家買賣錫的交易公司。幾年以後，羅素在生意的來往中學會廣東話、客家話、福建話，並且開始計劃開一家自己的錫礦公司。他來到近打谷霹靂州，滿地都是錫礦的挖掘工作。

「早上好。」馬大志回答。

這是一家咖啡館，在馬來西亞一個小鎮美羅，一位大叔走過來坐在馬大志身邊，他向馬大志問好。

羅素在怡保相中一塊二十五公頃的土地做錫礦場，一切準備就緒後，羅素在 **Old Market Square** 十號建立第一家自己的公司，改了一個中文名字叫泰英棧，英文名字也就是他的名字，**John Archibald Russell**，並且聘請了六十個苦力，開始掘錫。

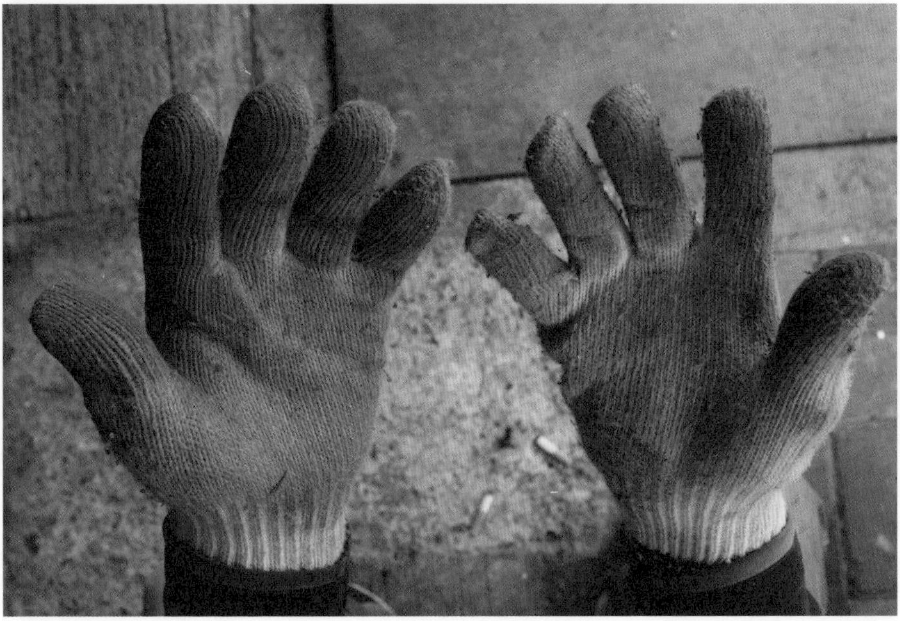

大叔接下來直接問馬大志：

「你在什麼單位工作？」

羅素的生意逐漸擴充，他和一些頭家[2]合作，苦力一千兩千一直聘請，管理許多不同名字的錫礦公司，其中一家士連拿水機錫礦有限公司開在雪蘭莪，那裏最早從倫敦運送機器到當地採礦。還有一間他有份成立的馬九錫礦公司。

馬大志猜到大叔的背景，他大概是一個無業中年，來咖啡館裏找工作。許多人這樣做，這是咖啡館人來人往的其中一個原因。馬大志回答：

「錫礦場。」

「哪家公司呢？」

「馬九。」

---

2 Tauke，解老闆，特別是指華人商人，為馬拉話，源自閩南話音譯。

羅素和華人的合作十分如意，二十世紀時，他們的事業已經擴展到煤礦、火柴、橡膠種植、建造業。他又將錫礦以及其他生意賺來的利潤，投資到金馬崙高原，跟一位來自英屬錫蘭的種茶者一起，開始種起茶葉來。

「要喝什麼？」咖啡館頭家問大叔。

「給我一杯茶吧。」大叔很快打發頭家，又專心回到工作的事。

「那可是一家歐洲公司啊。那麼，你們公司有空缺嗎？」大叔終於開口問了馬大志。

茶園種出來的第一批茶葉，賣給一個中國承包商。直到羅素死於肺結核過後，茶園的茶葉才開始賣到倫敦，並發展為馬來西亞重要的茶葉品牌。而錫礦場與橡膠園的工作，則成為許多工人的依靠——印度人、華人、馬拉人。直到一九六三年，才有一個國家叫做馬來西亞，這時候的盛世，有人說是靠羅素這樣的歐洲人發展了錫礦、橡膠、煤礦業而建立起來，也有人說是印度與華人的工人所建立。

馬來西亞如今到處都是 **Kedai Kopi**，小吃咖啡館，來的人一般不喝咖啡，如今他們都喝奶茶，而且華人喝華人的奶茶，印度人和馬拉人喝他們伊斯蘭教徒的奶茶。

在華人的咖啡館裏，什麼種族或階級的人、男男女女都有，印度咖啡館卻很少出現華人的面孔，而且只有男人光顧，他們說，華人咖啡館的女子招呼客人招到床上，穆斯林女子並不會獨自一人出現在印度咖啡館，省得被看成招生意。

茶客來這裏的目的都差不多，沒有工作的人來找工作，來認識老闆，來看報紙，來八卦一些實用資訊，有工作的人純粹來聽音樂。馬大志就是來聽音樂的。

音樂從收音機裏播放，林鳳、白英的聲音，廣東女星。馬大志對於聽什麼音樂幾乎不挑剔，他也無法挑剔，收音機裏播放什麼流行音樂，他也就聽什麼，最近幾年流行林鳳。馬大志坐了一個早上，終於聽到：「飄來榴槤之香，大家執個先」，林鳳唱起來，馬大志也跟着唱起來。

他完全忘了大叔的存在，並且對於大叔那些直接的對話，感到厭煩。

「榴槤在我心中香，一吃夢溫暖」，他又唱着。

茶來了，頭家要大叔付錢，大叔心不甘情不願地付。雖然說每一杯茶的價錢都相同，喝茶的人只要付得起一樣的價格，他們的階級、價值也就是一樣的，無論那個人有工作，還是沒有工作。但這只是出於旁觀者的看法，對於大叔這種抱着目的來喝茶的人，茶的價格，在於能達到目的。如今他失敗了，於是他為了實踐這杯茶的價格，又走到館裏其他客人的旁邊坐，展開另一段對話：「早上好。」

這時收音機播放起新聞，馬大志也就端起他的奶茶，桌上放着糖，馬大志很習慣地將兩匙的糖倒在奶茶裏。他公司裏的管理層都這樣喝茶。馬大志把茶攪了一個圈，繼續等待下一首歌曲。

今天是他的假日，他已經是礦場的一個管工，卻還不至於管理層，像他這種中層階級的員工，負的責任比工人多，擁有的自由卻遠遠比不上管理層。一般來說，他只有一個白天的時間屬於自己，晚上必須回到公司的礦場檢查，確保工人不會出意外。他的生活，基本上只有工作，只有這樣，他才有機會掙脱這種不上不下的位置。說起來，聽音樂也並非馬大志的愛好，他只是為了打發假日的時間，因為他實在沒有什麼愛好。

馬大志坐在咖啡館的時間大部分都是沉寂。他四處張望。旁邊的印度咖啡館，長方形的設計，像歐洲的酒吧，老闆與茶客相望相談。這是一種很聰明的設計，馬大志在想——老闆不會忘了客人的臉，客人轉身也就離開，出出入入，容易流動。

「又放假了嗎？」頭家終於有空問起馬大志。

「是啊。」

「當你們這種管工真好啊！」

「哪有，還不都一樣。」

頭家一個轉身，招呼其他客人，對話又停止。收音機裏的世界依然不是馬大志期待的林鳳。他又四處張望。從頭家咖啡館的間隔、擺設，真看得出他是個廣東人，一張圓桌，四張椅子圍繞，廁所在後巷，頭家連樓上閣樓也租下來，存放貨物以及居住，這樣開店關店節省點時間。

馬大志又看着鄰居的印度咖啡館，他和那裏的茶客，手臂一伸已經可以握手，但他們只是各自沉靜，他旁邊的茶客看來是個馬拉人，那馬拉人說話：

「一杯 Teh tarik！」

他要了一杯拉茶。兩人依然沒有展開任何交流。他們各自坐着，各自專注於自己所屬的奶茶。馬大志看着廣東頭家，提着兩個茶壺撞茶；隔壁印度人老闆把奶茶往天上拉，他沒有一點驚嘆的表情。他只是覺得，那是我們和他們喝的茶。

終究馬來西亞獨立以來，英殖時代留下的種族界限依然明確：華人掌控生意，不少印度人仍在做苦工，兩個種族，各不相干，而馬拉人的政治地位又提升了。

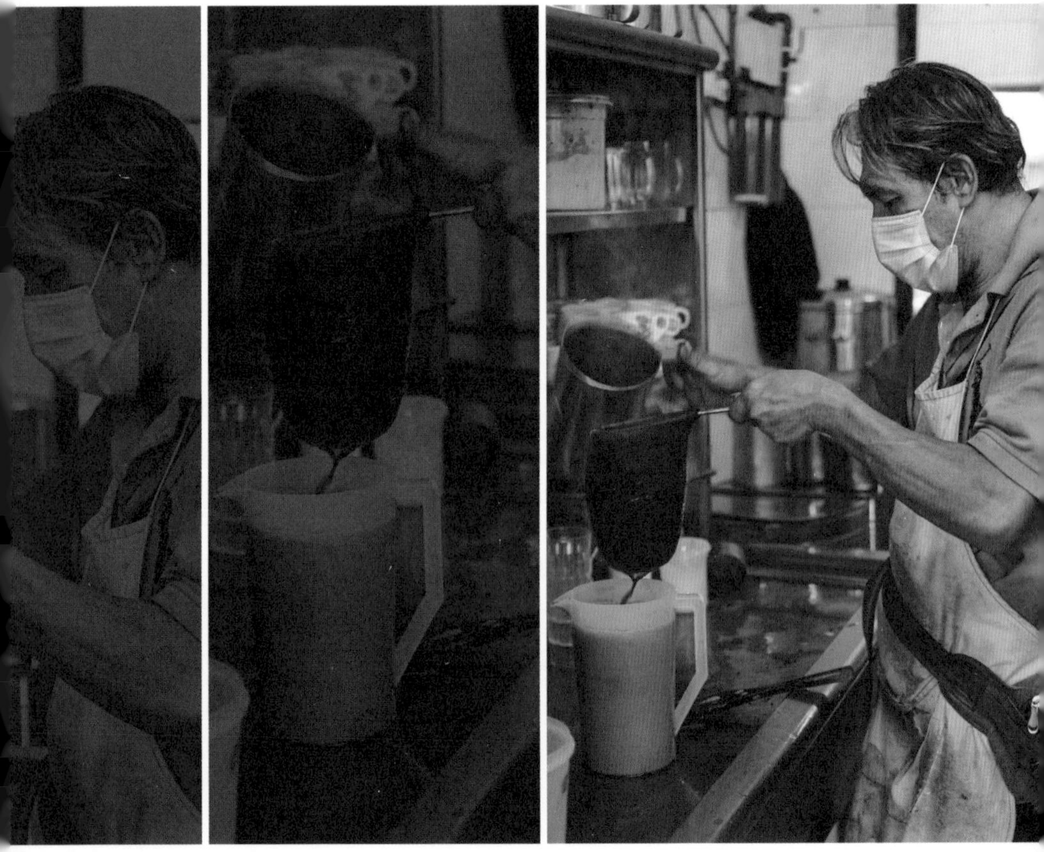

第二節——霹靂州

古拉的一生該從哪裏説起？可以從他的母親説起。他母親嫁給父親時，才十二歲，一個孩子，生了八個孩子，她生完第八個孩子時，才二十二歲，可見他的父母都是講求效率的人。

事情發生在馬來西亞一個叫霹靂州的地方，霹靂州裏有條近打河。近打河流域都是錫礦。古拉和他年長的兄弟們，常在近打河游泳。一次，夕陽還沒落下以前，兄弟們赤裸在河裏嬉戲，被母親發現了。母親一句話也沒有説，將全部孩子的衣服都取回家去。近打河離古拉的家有一段遙遠的路，他和年長的兄弟們，於是留在水裏，藏起他們的裸體，直到天黑得無法看見路，他們才趕緊跑回家。母親這時候已經準備好藤條。

古拉幾個年長的兄弟之中，有一人在戰後死於瘧疾，兩人死於酗酒。母親從不悲傷。她憎恨愚蠢，她認為，貧窮使得人愚蠢。所以母親她，她把古拉以及活下來的兄弟送進霹靂州的主日學校。那裏是一個天堂，一個排除穆斯林的天堂：華人、印度人，無論什麼人，只要你不是穆斯林，你就可以來到主日學校，感受神的恩典，孩子唱詩歌，一個肥胖親切的老師把《聖經》的故事講得動聽，聽完故事，胖老師送給孩子餅乾、椰漿飯和米粉。古拉屬於印度教，但他在這裏快樂極了。

古拉的快樂，還有一個原因——古拉討厭牧牛、牧羊的職責，他不知道牛要什麼、羊在想什麼。他討厭在家裏後園，餵雞的時候，得俯身追趕，並且要學雞啼。他討厭在濃濃密密的草叢裏遇見蛇，或者其他叫不出名字的生物。他討厭赤腳走的鄉路，回來腳底的皮總被割破，甚至有更大的傷口。他一上學，主日學校以至於正規學校，都使得他得到一個正當的理由逃避這些他所討厭的。

古拉的學業開始繁忙起來，母親為他聘請臨時工人，完成這些他所討厭的工作。父親卻告訴工人：「他很快會在考試失敗，回來成為一個牧牛者，所以你不必期待這是一份長久的工作。」

古拉接下來的人生，可以從他父親開始說下去。他父親的父親在南方的印度出生，是一個泰米爾人，[3]他來到馬來西亞成為歐洲商人的橡膠園裏頭的一位小員工，歐

3　Tamil，南亞民族之一，主要分布在印度南部，以及斯里蘭卡的東部和北部，另有不少移民到馬來西亞、新加坡、斐濟等地。

洲人聘請印度南方的泰米爾人來馬來西亞，是因為歐洲人認為，這地方炎熱的天氣，只有貧窮的泰米爾人耐得住，而且他們純良，容易管理。古拉的父親因此在霹靂州出生。古拉也在霹靂州出生。

古拉稱父親 **Naina**，那是印度安得拉邦的官方語言泰盧固語，古拉唯一懂得的一句話。父親在乎牛、在乎羊，他在乎他飼養的所有生物，那些都是金錢，自然也是古拉一家的食糧。比如說早晨，他看見父親，必須先向他打招呼：「**Naina**。」接着，古拉負責在牛身上擠奶，其他兄弟分別負責準備豆蔻、茴香、肉桂、丁香、薑和胡椒，母親將這些煮成印度奶茶，並且加上古拉擠來的新鮮牛奶，成為每個早晨的開始。

失去這樣的早晨，父親便顯得不耐煩。「印度奶茶好了沒有？」父親常常在早晨向母親這樣提問。

接着是父親繁忙的一天，早晨派發報紙，西方的報紙，那是他與印刷公司談洽得來的生意。回到橡膠園裏，父親成為一個最底層的員工，他處於華人老闆與中產的印度泰米爾人之下，在這裏，父親必須認清自己服從的位置。這裏的規矩，這裏的階級，都是歐洲商人把橡膠園賣給華人老闆以前，用印度的種姓制度定下來的。歐洲商人請了南方的泰米爾人來成為工人，為他們提供沒有水沒有電的房子、學校、公用的廁所，並且以更高的薪酬聘了一些懂得英文，種姓更高、優秀的中產泰米爾人來管理他們。

總的來説，這些印度來的中產，並不站在古拉的父親這邊，他們煩惱的事情是如何在歐洲老闆面前，顯示他們獨特的身份——不屬於苦力裏的一群；於是這些印度中產，也跟着歐洲老闆，稱一部分印度泰米爾人的工人為「苦力」。

而父親，他早已適應社會配給他的位置。當古拉以及他年長的兄弟長大成人後，他將牧羊以及養雞的工作交給他們。當古拉想到倫敦讀書，成為一個律師時，父親依然認為，橡膠園才是他最終的歸屬，這裏能提供一切的生活以及族群。

古拉於是學着父親一樣努力，他早上在地盤工作，下午至夜裏為一個新加坡老闆看舖，父親以為古拉正努力成為一個短暫的工人，但古拉很明確地知道，他正在向着更遙遠的倫敦進發。新加坡老闆認為古拉是個可以信任的年輕人，於是把他的貨車交給古拉。古拉後來在一間英國學院付了留位費，並且辦理了一張前往倫敦的簽證，那是他做貨車司機的時候，賺來的三百英磅。

古拉正準備前往倫敦了，家裏來了一位蘇格蘭男子，他是地產經紀，經過古拉的家時，聞到一股咖喱的香味，他與母親展開對話：

「好香啊！」

母親邀請他留下來：「進來吧，留下來吃頓飯再走。」

蘇格蘭人與父親在飯桌上談起話，父親問他：「附近有什麼價格好的土地嗎？」

那人沉醉於母親的咖喱，回答父親說：「有一塊便宜的土地，正要向一些白人銷售。」

「是嗎？那塊土地大概是什麼價錢呢？」父親問。

「你們買不起的。」那蘇格蘭人回答。

古拉也在飯桌上。這時他已經是一個二十歲的年輕人了。蘇格蘭人吃完咖喱離開的時候，古拉堅決地認定，他的人生必須與父親不一樣。他必須離開霹靂州。

第三節——幸運的盡頭

至於馬大志的一生，他一生的光輝都在錫礦場裏。

晚上，馬大志回到錫礦場，他一天的假日已經結束。他本來只是把今天晚上當成例行檢查，但當他在走向礦場的路上，雨愈下愈猛，一粒雨水和地上的碎石一樣大。馬大志的腳步於是也愈走愈急了，「夭壽，這不是一個好兆頭！」他心裏想着。

馬大志連一把雨傘也沒有，一路淋雨，他看見山坡上方的石頭，跟着雨水傾斜，直直墮落到無法看見的山坡底。馬大志慌張起來。夜那麼黑，他只有自己一個人。礦場裏應該有四個工人在工作，怎麼一個人也沒有看見？最近天氣不穩定，前些日子，幾個華人管理的錫礦場都出了意外，聽說死了六、七個人，雨水一來，山泥一瀉，被埋在礦坑底。

馬大志開始向着空曠的山坡呼喚，他一個一個名字呼喚，都是工人的名字。回應的只有他自己的聲音。接着，他出現了一種想法，「如果真的出了事，我該怎麼解釋呢？」馬大志察覺到這個想法實在不該在這時候出現，但他又無法停止自己的慌張。

「馬九很少出現意外，別擔心。」馬大志對着自己說，發出聲音那種。錫礦場的意外往往發生在華人的工地，馬九公司的規例是羅素這種歐洲商人設下，每個挖礦的步驟有着明確的指示，就是以保護性命為目的。馬大志來到一個控制室裏，四個工人並沒有在這裏。馬大志於是又走了一段路，來到工人宿舍。這裏沒有電，馬大志拿電筒一照，全部工人都起床。

「志大哥！」

「怎麼了？」

工人們被驚醒了。馬大志用電筒，往房裏的工人照了一圈，那四個工人都在。看來他們很早已經離開礦場。馬大志在工人面前，沒有顯現剛才的慌張，他雖然一身濕得狼狽，語氣上還是壓抑着，鎮定地說：

「沒事，繼續睡吧。」

馬大志以前也睡工人的房間，如今他已經是管工，他有了自己的房間。回到他的房間時，馬大志用一條白色的乾的毛巾，抹乾身上的雨水。他坐在床沿，一切平靜下來的時候，他又開始想起：「如果今天晚上真的出了意外，升職恐怕沒有希望了。」

馬大志的父親也是錫礦工。父親是廣東人，許多年前他來到美羅的錫礦場，是因為一位廣東鄉里和馬來西亞的歐洲商人簽了合約，這位廣東鄉里提供工人，歐洲商人

HELMET.
KELEDAR.

WHILE WORKI
MUST WEAR SA
WAKTU BE
DIDALA
MESTI PAKA

提供工作、住宿。這鄉里成為一個巨大的錫礦場判頭，聽說許多人都叫他「亞叔」，他總是穿一件花恤衫，身上一道香味，但這些都是馬大志在茶檔裏聽說的，馬大志並沒有見過亞叔。亞叔他沿着海岸，找了客家人、潮汕人、福建人這些海邊省市裏的工人，經過海面，流動到南洋，挖錫礦。

二十一歲的時候，父親告訴馬大志：「馬來亞正在為整個世界提供錫。」他安排馬大志跟他回錫礦場，讓他觀察挖礦的工作，幾個月後，馬大志自然而然成為其中一個挖礦的工人。

第二天，馬大志醒來，他一回到礦場，頭家招他到辦公室裏坐。馬大志以為，頭家要過問昨晚大雨時的安全措施。

「你在錫礦這行工作有二十年了吧？」

「是的，十九年了。」

「牌照、證書都考好了是嗎？」

「是的。」

「那好。」

華人頭家的桌上，放着一杯奶茶，杯子是鑲金的，旁邊放着幾顆糖。馬大志猜到，他剛見過歐洲老闆，同事們正在流傳，這頭家想買了歐洲老闆的股份，佔有他的錫礦生意。

馬大志當然沒有過問這些。

「印尼的馬辰有一個龐大的工程，我們需要派些有經驗的優秀人才過去挖掘，掘鑽石。」頭家繼續說。

「在印尼嗎？」馬大志問。

「是的，有去過嗎？」

「沒有。」

「那就去看看，開開眼界。」

「好的，多少人去？」

「四十人。」

「沒問題。」

「那麼，這事情就交給你了。對了，為了方便你行事，你將會晉升為生產線的主管。」

馬大志終於升職了，他已經期待了九年。昨晚他還在擔憂工人的意外，會使得他的事業停滯不前，如今機會一下子就來到面前。馬大志沒有向頭家致謝，也沒有表現他過度的興奮。

他向頭家提醒了最實在的事情：「那，宿舍以及薪酬的事……」

「稍後會安排的。你收拾一下行李，搬到一個大一點的宿舍裏。」頭家說。

頭家站起來，將杯子裏的奶茶倒在地上，他顯然一口也沒有喝過那奶茶。同事們後來又流傳起來，說馬大志是走運，趁着華人頭家搶了風頭，才輪到他這個華人升職，換成歐洲老闆做決定，這機會肯定落到印度管工的身上。

馬大志對於這些話，常常這樣回應：「馬來西亞就是如此現實的地方。」

馬大志出發到印尼前，有一天的假期。早上，他又來茶檔聽林鳳，他想着，到了印尼，恐怕無法聽見了。

「現在可是一人之下，萬人之上了。」馬大志一坐下，茶檔的頭家便端上一杯奶茶。他已經聽說馬大志升職，而且即將成為老闆最重視的人。

「沒想到機會一下子就來到。」馬大志說。

「你還有許多機會。」

「怎麼這麼說呢？你也知道的，馬來西亞一直是個幸運的國家，錫礦、石油、天然氣，這些運氣總有一天會走到盡頭。」

「你已經不需要擔心外間的變化了。看，你已經成為主管，你的公司將會提供你房屋、單車，將來你生孩子，孩子也將得到教育，你老了，退休了，公司也有長俸，你接下來的人生已經很安全了。」

「是的，你說得對，只要我能保得住這個職位。」馬大志說。

第四節——「貧窮不在乎你的膚色」

「膚色不該被看見，你知道嗎？但在這個國家，你睜開你的眼睛，許多人都在乎膚色。」一位記者來採訪古拉，古拉攜記者到村口的茶檔喝一杯印度奶茶，一個簡陋的木搭的檔口。古拉如今已經是個政治家了，並且成為一個演講家，重複他提倡的政治理念。

「你認為種族是什麼？」記者問古拉。

「一個人住在他自己的世界，他只相信自己，而不相信世界的膚色是不存在的，種族之念約莫是這樣一回事。我們對於膚色應該是盲目的，應該看不見膚色，但人們常常首先看見對方身上的膚色。」

這些動人的句子，激奮人心的話，古拉一直重複又重複述說。記者總在問相同的問題，他總是耐心回答，沉悶的時候，他便找點新的說法來激勵群眾，比如說，他上次以貧窮來回答種族：

「貧窮不在乎你的膚色，貧窮不在乎你的宗教背景，貧窮不在乎你的種族。當你貧窮，你就是貧窮。一個卡達山土著是窮人，一個馬拉人是窮人，一個華人也可以是窮人。」

「但是，我們看見這個國家的樣貌，印度人最便宜，只有那麼一點兒薪水。」

接着他必須讓群眾知道他的工作，他的主張，政治家在訪問中不能錯過自我宣傳、表態，甚至要為自己的黨派歸納綱領。古拉一整個政治生涯，都在説印度人被視為三等公民：馬拉人、華人，接着才是印度人，尤其是工人。他從倫敦回來，成為律師，提倡了一些法律上的種族改革，後來加入政黨，並且當選了國會議員，於是以下這些話，四十年來，經過重複的述説，古拉幾乎擁有這些話的專營權了：

「每個人，無論是哪個國家的人，也應該擁有技術：專門的技術、融會貫通的技術以及提高生產效率的技術，如此一來，你才有更高的薪酬，然後你可以流動，你可以有更美好的生活，你可以在生命裏得到認可，包括洗廁所的清潔工也有權利得到這樣的美好生活。」

「你是如何活在政治裏的？」記者轉移了話題，免得成為古拉的宣傳工具。

眼前既然是一個茶檔，古拉便用茶檔的印度奶茶來説故事：「我的父親在印度族群裏，算得上一位領袖，他在馬來西亞印度國民大會黨任分區負責人的時候，總要演講，要開會，我隨着他去開會，看見他喝的印度奶茶——這種印度奶茶，加進新鮮牛奶的奶茶。」

那記者隨着古拉的目光，注視到茶檔裏坐着一個華人老人，一個古拉，老闆看上去是馬拉人。古拉滔滔不絕：「我現在也出席許多政治會議，工黨會議……諸如此類的東西。唯有人生來到這個時候，在這些會議之中，才能看見會議室裏那杯茶裏的是思考。那些會議上的話，能給你一個很寬廣很寬廣的視野，不是像鳥一樣狹窄的視野，而是很大很大、並且可以看見事情組成的道理。」

「政治是這麼一回事，政治就是講道理。」

第五節 快樂是什麼

馬大志來茶檔喝茶，旁邊有人在做訪問，那是著名的國會議員，已經連任二十年了。馬大志知道古拉，但是古拉並不知道馬大志這個人。他們在近打谷河畔的村裏，一個村口的茶檔裏，一個接受訪問，一個只是平凡的老人，喝着茶，看遠方。

馬大志去了印尼挖了兩年的鑽石，那是在馬辰，沉到爪哇海裏像挖錫一樣，挖鑽石，說是荷蘭商人在那裏發現鑽石。挖了兩年，還沒有結果，馬大志負責培訓工人的技術，技術有了，他也就回來馬來西亞。

回來沒幾年，那頭家又說，非洲要採紅火石，於是馬大志又去了非洲，在西部塞拉利昂。據說那裏有鑽石、黃金、紅火石，馬大志對此一無所知，因為他一年的時間，只專注於培訓公司的員工。當培訓完成，他又回來馬來西亞。馬大志這次回來以後，已經沒有再想過升職，他突然間發現自己已經老了。

華人頭家說：「該退休了。」馬大志也就依着做，他還是住在公司的宿舍裏，也有一筆長俸。他每個早上，來茶檔裏喝一杯茶。年輕時候學着英國商人喝奶茶，如今對他一個老人來說，那種奶茶是一種腸胃與精神的過度刺激。現在他正聽着古拉向記者述說他的故事，而馬大志自己的故事卻沒有人聽他述說。到頭來，快樂到底是什麼。

奶茶筆記

流動而生的平民奶茶：印度奶茶和拉茶

無論是故事中古拉喝的印度奶茶，還是馬拉人喝的拉茶，它們得以普及的原因，都如港式奶茶一樣，離不開價錢便宜，味道濃郁。市民大眾以至辛勞工作的工人，來到平民化的茶檔、餐廳，或者小吃咖啡店，各按喜好，喝一口加了奶，加了糖，甚至加了香料的濃茶，就能換取一刻的休閒，得到一天的精力。而且它們在成形的過程中，同樣受過不同地方文化的影響，記載着一個由地方到地方，上層到下層，一個關於流動的故事。

印度奶茶

印度奶茶裏的茶和香料，跟港式奶茶一樣，裝載一段殖民史。英國東印度公司最初在東印度群島靠香料貿易興起，後來因英國人福鈞在中國武夷山偷取茶樹，送往英屬印度的喜瑪拉雅山麓培植，使印度繼中國之後，成為一大茶葉產區。當地出產的大吉嶺茶，更被喻為「紅茶中的香檳」，味道高雅、細緻，但最終在印度本土流行起來的，卻是一杯價廉味濃的印度奶茶。

印度奶茶，又叫印度香料茶，英文是 **Masala Chai**。**Masala** 即多種香料的混合，**Chai** 的字源，可追溯到中國語言裏的「茶」。印度作為香料大國，奶茶除了加糖，也會加入生薑、豆蔻莢、肉桂、丁香及黑椒粒等香料一起煮泡，香味濃郁。而其選用的主要材料，跟港式奶茶一樣，是味道較濃烈的紅茶，以免茶味被香料的味道蓋過。但印度奶茶多用阿薩姆 **CTC** 茶葉。所謂 **CTC**，即 **Crush**（擠壓）、**Tear**（撕裂）、**Curl**（卷曲）三個英文字的第一個字母，是一九三〇年代出現的茶葉加工方法，即以機器將茶葉碾壓、撕切、揉捲，製成小小的粒狀，不但縮短製茶時間，沖泡時的味道亦濃烈。

雖然早在英國東印度公司計劃在印度種茶之前，印度已有原生茶。英國人就在一八一五年的時候發現了印度阿薩姆省種有茶樹，但當地人會直接咀嚼茶葉，而非拿來泡茶喝。在英國人統治印度其間，當地的英國人固然也有喝英式奶茶，甚至會添加香料，但畢竟限於上流社會，尤其是當地的英國人。其後，東印度公司在印度大量產茶，外銷歐洲，使印度茶業崛起，加上 CTC 茶的出現和普及，茶葉價格一再下降，約於二十世紀中左右，印度路邊湧現大量售賣起印度奶茶的茶攤。這種便宜、刺激味蕾，且加了奶和糖的茶飲，正好讓辛勞工作的平民百姓提神，補充熱量甚至營養，變成屬於民間的飲料。

拉茶

馬來西亞的奶茶，叫拉茶，英文為 **teh tarik**。**Teh tarik** 其實由兩種語言組成，**teh** 是茶，可追溯至閩南話的讀音，**tarik** 是馬拉話中「拉」的意思，拉茶的名字跟印度奶茶一樣，可見到不同地區的文化融合。製作拉茶需要將沖好的奶茶，分別倒入兩個容器，並不斷將奶茶從一個容器倒向另一個容器，使茶和奶混合得更為均勻。拉開的距離愈遠，茶裏的泡沫愈多，味道便愈好。由於這個過程像把奶茶不斷拉扯，因此叫「拉茶」，還因為這個「拉」茶的過程需要技巧，成為了街頭表演的一種，甚至有拉茶比賽。拉茶多用碎紅茶或茶包、水、煉奶沖泡，另也可跟印度奶茶一樣加進香料，如丁香、豆蔻、生薑。

拉茶還有個容易令人誤會的名字，叫印度拉茶，因為據說是由移民至馬來半島的印度裔穆斯林所創。印度人大約在十九世紀已大規模移民至跟印度同屬英國殖民地的馬來半島，到二次世界大戰爆發，橡膠的需求更大，由於馬來半島適合種植天然橡膠，不少印度移民到當地做橡膠工人。拉茶正源自移民到馬來西亞的印度裔穆斯林，他們約莫於二戰之後，在橡膠園外擺攤，售賣拉茶給附近的工人，這些工人也許包括了故事中提及的華人、印度人。還有說法指，這些移民過去的印度人，原想將從受英國人感染的喝茶喜好帶到馬來西亞，但二戰後，茶葉價格太貴，工人根本無法負擔，這些印度裔穆斯林便從中國買入一些質量沒那麼好，被廢棄的茶葉，並通過長久煮泡，萃取茶味。為了解決味道太苦的問題，還特意加了很多糖和煉奶。大抵考慮到這些工人中有不少華人，為了符合華人口味，一般沒有加入傳統印度奶茶常用的香料。於是，一杯由印度人在馬來西亞沖製的拉茶，成為了工人愛好的飲料，走入大街小巷的茶攤。

第三章

泰國

一個賣珍珠奶茶的曼谷女孩

故事原型

我們用了很長時間在泰國的奶茶店裏找一個關於移工的故事，而且最好是年輕的女生，結果在一家潦倒的街市檔口遇上「卡妮」。她真實的名字很長，Pornthip Kraengpaisan，在大學裏主修國際關係：東盟與中國。一個賣珍珠奶茶的女生，曼谷的住所裏養了兩頭貓，Krato和Elsa。父親是巴基斯坦移民，等了十年，還無法成為合法的泰國公民，但生意上的稅照交。母親與父親的相遇始於機場裏錯過一個航班，因而成為一輩子的夫妻。只是父親並沒有一輛可以騎到曼谷的摩托車，也不認識一個夢死於曼谷的鄉民。那些鄉民在上世紀九十年代，泡沫經濟最盛放的時候，從鄉村走路到曼谷示威，他們要求泰國政府拯救他們的粟米，當中的領袖說：「士兵的權力在於他們的槍，商人的權力在於他們的錢，而農民的權力在於我們的雙腳。」一九九七年，經濟泡沫爆破，泰國放棄固定匯率，泰銖貶值，一場「冬蔭公危機」，連帶一片東南亞走向衰退局面。

至於塔爾諾娜，我想我們城市人的精神世界裏都曾經見過一個塔爾諾娜，或者是孤寂的時候，或者是焦慮慌張時。

第一節／曼谷人

快樂是什麼，塔爾諾娜和我，常討論。我一世人短短，塔爾諾娜成為我在曼谷唯一的朋友。

這裏許多人沉淪群聚，漫長一場世界瘟疫，國境與國境斷絕，人孤立了人，這裏的人繼續在酒吧裏群聚。這裏無法承受孤獨。一個群眾城市。

塔爾諾娜和我一樣，我們不來自這裏，我們的父母從別處而來，我們只是在這裏出生，但我們生來就不是屬於群眾的人。塔爾諾娜大概也如此理解我。

我在曼谷一個街市檔口，賣珍珠奶茶。瘟疫的時候，大學宣布停課，我的世界停擺。兩頭貓不習慣我在家裏天天出現，主動遠離，貓迴避我三天，許多情緒，與牆一同禁錮。

在樓下街市找到這份工作，這不是一份容易的工作：記性來說，我算不錯，最少國際關係學位要記的法例條文我基本上也記下；結果衰在一張寫滿奶茶名字的餐牌，水蛇春的餐牌！珍珠有大有小，茶葉至少有綠茶和黑茶，還有配料，可以配生果，可以配朱

古力，甚至芝士，幾乎什麼也可以成為配料，結帳時付的是你選擇的權利。鯨吞餐牌的時候，我跟塔爾諾娜傳訊息：曼谷的珍珠奶茶餐牌，大概是全世界最漫長的自由。

面試的時候，老闆娘介紹自己的珍珠奶茶檔，一臉自豪，她的話宏偉得像這裏的君王：「我們泰國文化講求融合、文化混搭，mix and match！作為一家曼谷國際中心的珍珠奶茶店，選擇當然要豐富，客人才會多，是不是？」

當時我想，「國際中心」、「泰國文化」，其實我們只是一家街市裏的檔口，比小販稍為幸福，因為不用走鬼，但是有時，我們還是需要交些錢給路過的警察，賄賂與貪污在這裏依然自由。

老闆娘的丈夫是一個馬拉人，好像是伊斯蘭教徒，不殺豬不吃酒，沉靜的男子。老闆娘信佛，而且話多。兩人性情一點也不相近，丈夫堅持曼谷是曼谷，沒有什麼國際不國際，於是他認為，茶檔應該賣 Cha Nom Yen，那是最傳統的泰式奶茶，沒有珍珠，橘紅色，加煉奶，混香料，跟他們馬拉的伊斯蘭教徒喝的拉茶差不多。丈夫在老闆娘眼中，是一個懶惰的人，因為他經常和一些馬拉人坐在咖啡檔裏喝拉茶，一坐就是一天。他們在茶檔裏談的都是政治，一些被認為無所用的對話，像是馬來半島的 Pattani 被劃進了泰國的領土，因此他們才成為泰國的馬拉人。

丈夫在咖啡檔裏忙着喝拉茶談政治，老闆娘就把茶檔的泰式奶茶，轉成賣台灣

Coffee Cup

來的珍珠奶茶。那是她在電視上的旅遊節目學來的知識，電視節目主持人説那是台灣的夜市飲品。老闆娘相信了，她想着那泰國的奶茶也可以成為泰國夜市的飲品啊。於是，她確認了，這個茶檔要成為一個「國際化」的茶檔，要把台灣奶茶裏的珍珠，加到泰國的 **Cha Nom Yen** 裏，**mix and match**！

我真想不明白，這兩人究竟如何成為夫妻。

塔爾諾娜與這家珍珠奶茶店無關，我來街市工作前，已經認定她是我最重要的朋友。塔爾諾娜是我第一個在曼谷認識的朋友。我記得很清楚，我們第一次看見對方，是在一次嚴重大塞車途中。

平日塞車兩三小時，乘搭公共交通的人，習慣為塞車做好充足準備：下載昨晚的劇集、安排一個長途的電話並以遙遠的聲線對答、上車前買早餐、搭訕一位眉來眼去好幾個月的陌生女孩。

我每天，像與這個塞車的世界無關一樣，站着看國際關係的書，通常一進入終章，車隊就開始慢慢驅動，終章往往要留到回程時完成。

塔爾諾娜出現的早上，塞車塞了五個多小時。我怕遲到，不斷看手錶，巴士很逼很逼，塔爾諾娜和我也站着，我在隙縫裏找到她的眼神，她笑。塔爾諾娜戴着一頂圓形紅色帽，她是緬甸人，巨大的眼睛和我相像，我看她常像看着鏡子。

「Sabai sabai!」她告訴我，自在自在的意思。

她顯然看出我的擔憂。塔爾諾娜和我的性格完全不同，世界對我來說一瞬間就塌下，於她而言，塌下來也沒有什麼，人的勇氣足夠承受崩塌。

我告訴塔爾諾娜，快遲到了，而且因為塞車而遲到，那將是巨大的恥辱，因為沒有一個曼谷人無法預算塞車。塔爾諾娜說：「你說得對。」

我們沒有其他的對話，似乎再說什麼，也不能改變遲到的結果。沒有人過問我的遲到，但我進入課室當下，本能地向教授鞠躬致歉，並且在整個課堂期間無法發問，最後我在交給教授批改的文件頂頭，寫：「是我無法準確預算時間。」而往後，我起床的時間又提早一個小時。

塔爾諾娜常常告訴我：「城市人應該如此。」她告訴我，曼谷的時間是你一半的生命，許多人的人生一半花費在塞車，一半花費於工作。而我如今，半天時間用於交通，半天時間用於學習。

珍珠奶茶檔的客人，就像塔爾諾娜所說，基於時間的規劃來光顧，比如說，巴士將在十分鐘後開出，他們准許我用八分半的時間，沖好一杯珍珠奶茶，一分半的時間留給客人花於行走；追趕不上巴士的責任自然不在於我，但我總念記一套看過的英國電影，關於幾分鐘之別，趕不上一架地鐵，因而錯過一個重要的人，遇上一場意外而失去美好的工作機會等等，往後以偶然組成的生命，會是另一套組合，另一條生命。

時間是唯一的上帝。

塔爾諾娜說：「你已經成為曼谷人了，所以你必須學會把自己切割得像曼谷人一樣細幼，擠進時間裏。」

我開始像城市人一樣，用二十分鐘的早餐收聽國際新聞，將家人的關係看成每天五分鐘的通話練習來經營，情緒的鎮靜依靠睡前十分鐘的瑜伽，時間一切割，一切很容易在掌控之中。

「我正努力適應時間的掌握。」我告訴塔爾諾娜：「我感覺自己，**oh well**，正站在優勢的一方，我已經成為一個曼谷人了，只是我依然經常為此而緊張。」

塔爾諾娜回答：「世界每個人也處於相同的處境，只是你無法看見。」

「**Sabai sabai!**」她接着說。

塔爾諾娜和我讀同一所學校，那是一所以反抗著名的大學，校園有一個廣場，埋葬上世紀七十年代學生流的血。如今學生以此為談情的公共空間，夜裏的婚外情也在此發生。塔爾諾娜與我，和其他人一樣，我們相依，我們甚至，與這座校園的歷史毫無關係。塔爾諾娜讀的是東盟與中國的自由貿易國際關係，因此她永遠像一個帝國，只有利益關係使得她與身邊的人開展經濟關係，除此以外，她並不向別人展露孤獨的一面。我讀的是法律，我永遠把自己看成一個不存在的人，觀看世界的公平如何被判決。我看見一件有趣的事情：大多數讀法律的學生，是因為他們比別人提早看清楚公義的真相，也就是法律無法彰顯公義，因此他們才能成為法律系的學生。其中一位同學，她是個女性主義者，而她讀法律的原因，是因為她希望協助所有離婚的女性，得到最大的回報，這對她來說，是一個很容易建立的事業，如今的婚姻法律已經傾向女性，「離婚的女性通常透過婚姻獲得一筆財富，使得她們的人生豐富起來。」她有一次在廁所裏這樣告訴我。

我將此事告訴塔爾諾娜，她問我：「你和她成為朋友了嗎？」我說沒有：「我似乎同意這是個事實，卻無法接受這樣的事實。於是我又後退了。」

塔爾諾娜回答：「是的，這種事情經常發生。」

只有塔爾諾娜有足夠的氣度包容我的缺失。那天我和這位同學，在學校的飯堂裏吃飯，我並沒有發現自己當時已經丟失了錢包，錢包裏有我的現金和銀行卡，當我的食物已經準備好，我無法取出任何東西來付款，我在餐廳裏，把自己整個人翻來覆去，甚至無法想起，錢包上次出現的時候在哪裏。在我身上，經常出現這種，使得身邊的人也落入尷尬不已的氣氛。這位女性主義的同學，不願意為我付款。她非常堅持，我應該為這樣不可接受的缺失，忍受飢餓。

我離她而去，並且花一個下午，在我曾經出現的校園、巴士、住所，尋找錢包。只有塔爾諾娜願意安慰我：「慢慢找。」結果我在自己身上的背包，一個破爛的洞裏，看見錢包。

塔爾諾娜說：「**Sabai sabai**，這種事情經常發生。習慣了就好。」

我並不需要多餘的群眾，塔爾諾娜將是我一生的陪伴。

第二節——他鄉

四月的 Songkran 節日，潑水節，轉型或改變的行動之義，五天假期，一個曼谷在瘟疫過後都是空的，人都回故鄉。父親在電話裏催我回去。

我並不想離開曼谷。

我經常想，我是不是和其他人不一樣。我問塔爾諾娜：「我是不是很奇怪？別人是不是經常覺得我很奇怪？」我這疑惑打從九歲過後開始。我父親是一個巴基斯坦人，母親是東北方地位低微的泰國女性，我的故鄉在南方，一個叫 Surat Thani 的地方，一些移民來到這裏成為漁民，後來漁民生命中的移民部分，又被漁鄉的旅遊發展掩蓋了。九歲那年，我的鼻子還沒開始像西方人一樣尖，瞳孔和普通人一般地黑，眼睛還沒有如父親一樣大。所以九歲的時候，鄉鎮的孩子把我看成和他們一樣的泰國人，他們為我舉辦迎接九歲的生日派對，切蛋糕的時候，我們留了一張合照。那晚，我感覺我的生命開始要有朋友了，於是在房裏寫日記，我畫了一個「朋友計分表」，把派對的朋友名字一個一個寫下來，並在旁邊為他們記下一個分數，每個人有一百分，如果我們的友誼持續一個月，可以加十分，否則扣十分。

那年以後，我的長相開始變化，「計分表」上的朋友開始與我疏遠，我從來沒有經歷任何欺凌的動作或者羞辱的語言等等，學校的老師也經常煞有其事地交代：「卡妮的成積很好，你們不要欺負卡妮。」我於是想，我是不是和其他人不一樣。計分表上的分數從此也沒有人到達一百分。

直到我來到曼谷，在曼谷我知道自己是一個曼谷人。塔爾諾娜和我一樣，她說：「曼谷人包容所有的出身背景，你可以一往無顧地成為曼谷人。」

塔爾諾娜和我在火車站，草草吃一個早餐後暫時告別。她的故鄉處於偏遠的北方，我不知道確實在哪裏，她從來不提。我上了火車已經睡覺，逆向的風景對我來說沒有任何關於記憶的聯想，那種凝望樹木或者雲移動的詩意只有催眠作用，而且十分強烈。所以火車於我也沒有任何情感連結，許多人在火車上哭，但我頭一回離開 **Surat Thani**，在火車上睡了美好的一覺，直至車頭進入曼谷，窗戶裏看出去都是鏡子一樣的建築物，在曼谷的日子，我學會用概念來說話——那建築風格叫現代化。

目下從現代化走向鄉鎮化這道風景，我又一路睡得痴迷，差點睡過了站。一睜眼，父親已經在窗外敲打。行李不多，只一個小袋，下車後我把它交給父親，他問：「怎麼這麼輕？又打算住兩三天就走？」

「看情況吧。」我隨便敷衍，急着踏上父親的摩托車：「走吧。」我和從前一樣，依靠在父親的背，雙腿叉坐在後座，着父親盡快開車，一開車，我雙手環繞父親的腰，風永遠向着和我們相反的方向——那是我們最親密的時刻。

父親以這種親密乘載我一個青春：小學、初中、高中，如今我再靠近父親的背，我想起塔爾諾娜，她在緬甸的鄉村也坐這種摩托車。

日本人在上世紀七十年代向着農村推銷這種摩托車，他們來到東南亞説服鄉民：「它可以乘載你到城市。」直到九十年代，摩托車終於推銷到泰國的村裏來，價錢低廉，每一戶也承擔得起一部摩托車時，父親騎着這種摩托車向着曼谷前進，他説：「穿一條牛仔褲，從鄉村出發的時候，感覺那是人生最盛放的時刻，就像當時的曼谷一樣盛放。」

他和伊尼丹，從緬甸偷渡過來的，在一家製鐵工廠裏成了非法員工。許多人像他們一樣，從海面逃離自己的國家。「那裏一無所有。」他們都這麼説。他們停留於岸邊，在邊境沿岸一個鄉村打魚而活下來。

曼谷愈來愈盛放的時候，伊尼丹向父親提出：「**Ai hee-ah**[4]，我們真值得一份更好的工作不是嗎？每天搬那些鐵，肩膀都一邊高一邊低了。你說，我們畫一個地圖，騎車到曼谷去好嗎？那麼多的工廠，我們肯定能找到一份更好的工作，你說好不好？」

第二天，伊尼丹已經開口向老闆借了一個月的工資：「我們將在曼谷得到一個合法居留的身份。」他信誓旦旦告訴老闆，其實是借他的錢來跳槽。但這說法對老闆有利，當然也就答應。

他們找人借來假的護照，裏頭有一個不是他們的名字，以及一張不是他們的照片，村裏人以前到曼谷工作時，都用這種方法，有時買，有時借他人的身份，有工作時便將身份歸還。如此途上可以免去麻煩，萬一在曼谷遇上面試機會，他們也像是個有身份的人。

最後他們來找母親，請她畫出一幅前往曼谷的路線圖。曼谷成為中心的時候，許多行業聘請鄉鎮的女性到曼谷工作，「因為她們比男性便宜。」她們到地盤裏搬磚頭，她們在百貨公司成為銷售員，她們在夜市成為小販賣食物或賣內衣，那時的泰國女性都因此在家庭裏有了尊嚴，野心與見識也寬廣。母親以前在機場當搬運工。

有一次，父親在機場誤了航班，遇上母親。

機場在曼谷，父親本來買了機票，打算出境一次，來申請延續簽證，他已經持續這樣做十年了，每一次的延續都是因為，希望可以得到一個合法的護照。結果十年也沒有護照。沒有人知道他要持續做多少年才可以成為一個地道的泰國公民。他已經是一個可以被看見的人了，只是他依然無法得到一個合法的身份。

他不熟路，第一次乘長途巴士到曼谷，途中他耽誤了些時間在問路，結果當他到達機場時，航班已經起飛。他泰語不標準，四處找人詢問航班的情況，許多人聽不明白，又或者聽錯了，指示他在機場裏尋來蕩去。一位在機場工作的女工，詢問他：「你要去哪裏？」女工仔細聽父親的述說後，說：「我來成為你的翻譯。」他在女工的協助下找到航空公司更改航程，只是必須在曼谷過一個晚上，等待明天的航班。女工邀請他到她朋友的家裏借宿。從巴基斯坦簽證回來以後，他與女工成為一輩子的夫妻。

伊尼丹和父親拿着母親手繪的地圖，以及幾張泰文寫的字條，準備出發。但當他們一切準備就緒的時候，報紙上寫，曼谷正在面臨一場前所未有的金融危機，「泡沫爆破」，標題大概是這個意思。父親問伊尼丹：「我們還出發嗎？」

伊尼丹說：「當然！我昨晚做夢還夢到曼谷！」

4 髒話。

AIA

他們於是一人買了一條新的牛仔褲，還恤一個反光的油頭，穿人字拖，等待油站為各自的摩托車裝滿油，也就出發。泰幣塞在內褲一個暗袋裏。

我常常想，如果他們那時候沒去曼谷，我的人生，父親的人生，以至伊尼丹的人生會怎樣。但已不得而知。來到家門前，我從摩托車跳下，母親已經為我們準備好晚餐。母親在飯桌上一邊擺放東北的泰式菜，一邊擺放巴基斯坦的菜，像以前一樣。我們在日落前完成晚餐。

日落的時候，我在村裏散步，髮廊、美容店、維修店，這些東主的孩子都是我過去的同學，如今他們大概也搬到曼谷工作了。我記得，中一的時候，悄悄暗戀過其中一個男生，我們每天在同一條路騎單車上學。

我在街角裏發現一家珍珠奶茶店，站在店外和老闆娘閒聊了幾句。我問她，她一般把珍珠泡浸多久，她說一天，我告訴她，曼谷的珍珠泡浸兩小時就足夠，久了不彈牙。

我想起自己的檔口，想起老闆娘那些純熟的演講：「我們都存活於過去、現在與未來的某一處：在過去裏，我們無法知道世上存在一個事物稱為奶茶，如今我們都在喝現代化的珍珠奶茶。我們正處於一個改變的世代，世代改變才創造出一種國際性的奶茶。這又連結到其他事情的改變，我想改變基本上都是差不多的道理吧；

而未來，我們還將面臨更多的改變。」她曾經説過：「外資與旅遊建立曼谷，珍珠奶茶因此而在曼谷的中心出現，成為一個改變的象徵。」

而老闆娘的丈夫，並不同意他的妻子：「在曼谷，就是喝 Cha Nom Yen！」她的丈夫常這樣説。

第三節／第一杯珍珠奶茶

伊尼丹在曼谷惹上愛滋病的事情，父親至今仍然認為是自己的失誤。伊尼丹死於 Surat Thani 一無所有的鄉村醫院裏。父親陪伴他的屍體火化，直到他完全消失於人間。

到頭來兩人到達曼谷後，找工作的事情並沒有發生。頭一天，他們買了一張報紙，他們沒有理會標題裏說的「泰銖大跌，曼谷崩潰」，直接翻到找工作的底頁。只有幾個格子的聘請廣告，其中一格急聘地盤勞工，父親說：「老老實實奉獻勞力心不會虛。」伊尼丹並不打算與父親同行，他說：「電子、科技行業才有出頭。你沒看見一條馬路上多少電子維修公司，人家說日本人每三天在這裏開一間新公司，台灣人也來開，開的都是科技公司，當這種聰明的勞工才有前途。地盤工，和搬鐵，有什麼分別？那你何必來曼谷？」

父親笑笑說：「我是陪你來的。」

因為各自有了面試的計劃，他們決定租住酒店，但為了省錢，兩男人共住一房。

第二天早上，伊尼丹很早出門，父親以為曼谷使他積極。父親通過許多方法，才來到面試的地盤，與負責的上司見面。其實他也不清楚對方是否上司或只是一個普通職員。他往往任由事情有一點點不明不白。那位上司要求父親出示身份證，父親只能出示他的假護照。那人沉靜許久，父親按捺不住，向那人坦白交代：「巴基斯坦，我在巴基斯坦出生。」那人翻閱他的護照說：「巴基斯坦在哪裏？這裏面沒有寫巴基斯坦。」父親沒有作聲，那人也就給了父親一張白紙，說：「會寫字嗎？」他放下一支筆：「寫我的名字來看看。」父親拿起筆，筆尖拄在白紙上，許久也無法寫出任何一個字母。最後他在白紙上，留下自己的名字，那是母親教他的字，他唯一懂得的泰國文字。

父親回到酒店，什麼也沒有吃，他在酒店房裏等待伊尼丹回來，他想立刻回到 **Surat Thani**，他想離開曼谷。等了一個晚上，伊尼丹也沒有回來。凌晨時候，伊尼丹一身酒氣，睡在父親旁邊的床。父親在他清醒的下午，問伊尼丹找工作的情況，「台灣科技公司的面試順利嗎？」伊尼丹完全忘了這件事，他問父親：「什麼面試？」父親說：「你是來玩樂，還是來找工作？我有家庭，我的妻子正在懷孕，我是為了你才來曼谷。」

「不！你是為了自己，你出發，因為你也享受曼谷給你的榮耀；你在這裏，不是因為我，因為你也認同，這裏比起鄉鎮有更多機會。」伊尼丹告訴父親。

伊尼丹繼續說：「我昨晚終於想通了，我們應該開一間旅遊公司！」他站在窗台抽煙，房裏都是煙味，父親怕酒店的人投訴，告訴伊尼丹：「房裏都是煙味怎麼辦，快熄掉吧。」伊尼丹沒有理會，繼續在窗台抽，他說：「曼谷之所以是曼谷，全是因為走向國際化，這裏有各國的人來投資，這裏有各國的人來旅遊。我昨晚在 **Patpong** 看見，越南的，葡萄牙的，俄羅斯的，中國的，南非的。曼谷正處於被世界寵愛的時刻，你知道嗎？」

父親不明白伊尼丹在說什麼。伊尼丹走到父親面前，手指夾着煙，搭在父親肩膀說：「你相信我吧。」父親把他的煙拿掉，熄滅。「今晚你要不要跟我出去看看？」

「看什麼？」父親並沒有明白他在說什麼。

「去看這個世界有多好玩。」伊尼丹說。

父親並不願意，但最後他還是穿上拖鞋，被伊尼丹說服了。他們一起出去。晚上的街道，有一層霧氣，迷迷糊糊，使得人在夜裏總是遲緩一點，或者溫柔一點。父親跟在伊尼丹後面，**Patpong** 一條長長沒有盡頭的街，都是人，在叫喊。父親相信伊尼丹是來看旅遊公司的，因為他抬頭，頭上各種旅遊公司的牌匾，還有賓館、**motel** 這類給遊客休息的地方。當伊尼丹開始和一個街上的老女人打起交道時，父親還沒有起疑，他認為他只是在應酬。老女人把兩人拉到一間黑沉沉的店裏，用紅布遮蓋，他們打開紅布走進去的時候，父親什麼也無法聽見，什麼也無法看見，裏頭只有紅色和綠色兩種燈光，光出現的地方，就能看見一個金髮女性赤裸的胴體，她像野獸一樣即將撲來，口裏一吹，獅子一樣噴出一把火焰，向着父親：「呼！」父親大駭，往後退的時候跌倒在地，他在黑暗裏摸向出口，全身顫抖。

伊尼丹看見父親離開，他追出來，問父親怎麼了，父親問，大聲向着伊尼丹喊叫：「這就是你所說的旅遊生意嗎？越南、俄羅斯、葡萄牙，這些妓女就是你所說的旅客嗎？」

伊尼丹着父親冷靜：「你必須相信我。」他又點了一根煙：「你看！」伊尼丹指着父親看門口那老女人手裏的鈔票。「你看見沒有，事情不要只看一面，報紙裏都說曼谷要倒下，我並不相信。這裏的鈔票還在活，這代表什麼？代表這裏還有人，有旅客，有移民來的，代表曼谷還是開放的。」煙還沒抽完，他已經掉在地，腳一旋轉，滅掉煙頭，準備回去那個獸場裏，離開前他看着父親說：「我反正要在這裏留下來，我相信我的眼光，請你也要相信我，不，要相信你自己的判斷，即使你並不相信我。」

父親說：「要留，你自己留，我明早就會離開。」

明天一早，父親在離開酒店前，向那裏的員工請教回家的路，他必須在伊尼丹回來以前離開，他對於伊尼丹依然憤怒，今天他甚至對於曼谷也感到憤怒，他認為曼谷使得伊尼丹突然陌生，而且這裏很少人能告訴他 Surat Thani 要如何回去。但他無論如何都要離開這個失去理智的地方。

他一個人開着摩托車，白走許多不明不白的路，他不知如何開到曼谷最中心的商業大廈去，許多銀行集中於此。很多人在銀行外大吵大鬧，背對他們的是一落千丈的股市，他沒有理會。他專心於回家的路，他的車穿過 Mittraphap highway，從車與車的細縫之間，經過漫長的路回家。

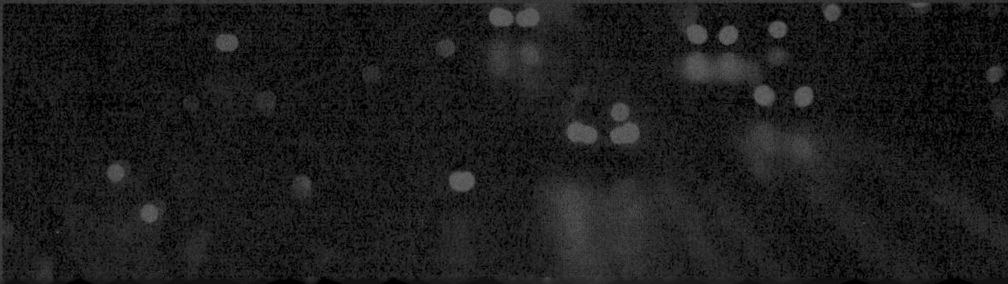

父親他過去對於這段在曼谷發生的事一直不提，直到大學錄取我後，我即將出發之前，他才告訴我。母親也是頭一回聽見這件事。而我出生那年，父親並沒有陪伴母親，也是因為伊尼丹。

從曼谷回來村裏的勞工，許多背負一筆債務回來。他們回到鄉裏，生命像是失去光芒一樣，酗酒，生病，無法工作，使得許多家庭都陷入更大的經濟危機，並且身負一身債務，伊尼丹沒有成為例外。其中有人來告訴父親：「伊尼丹的家庭得了愛滋病」。

離開曼谷的伊尼丹，回來村裏娶了老婆，他自己也沒有猜到，曼谷的風流還傳染了這個老婆一個不光彩的病。**Surat Thani** 只有一家鄉村醫院，他們也無法負擔車費，前往更先進的醫院，結果兩夫妻在鄉村醫院裏，長出紅色疱疹，一身，全臉，父親看望時，兩夫妻被分隔兩個病房，兩人都被綁起來，以防他們離開。

伊尼丹去世多年以後，曼谷一家公司開了一間台灣珍珠奶茶店，這事情人人都說，曼谷一直是開放的，如今台灣也對泰國開放了，他們說這叫做「全球化」。父親常常想起伊尼丹，伊尼丹當初可能是對的，若當初相信他的判斷，那或許已經從那個旅遊業支撐的色情世界裏，拯救他。

第四節——「塔爾諾娜」

我回去曼谷之前，父親邀請我和他到街上逛逛，我們走到街角的店，父親說，他想喝我沖泡的珍珠奶茶。

我們經過髮廊、美容店、電子維修店、車房，裏面裝載的都是從曼谷回來，像伊尼丹凋謝的生命。曼谷在一個泡沫時期裝載了大量年輕勞工，可是外資一撤，一個曼谷的泡沫幻滅，這些勞工也面臨生命裏巨大的一次失敗。許多人回鄉，他們相信有一天會回到曼谷東山再起，只是暫時回到故鄉，在鄉鎮裏經營髮廊、美容店、卡拉**OK**、電子零件、維修店，以及經營生育的事情，結果時間，時間往往使得他們沒有再想起曼谷。

父親沒有再踏足曼谷。他和母親在**Surat Thani**經營一家製鐵的工廠，母親把家庭當成一門生意來打理，每年為家庭寫一份財政企劃，除了九七年的冬蔭公危機那年。那一年，除此以外，沒有什麼令人興奮的故事，母親這樣認為。

父親找珍珠奶茶的店主商量，容許我在店裏沖泡兩杯珍珠奶茶，完成以後，我拿着兩個裝滿奶茶的膠杯，一轉身，兩個小孩，用水槍指着父親和我的屁股，說：「別動！」我們繼續轉身，小孩開槍把我們噴得雙腳全濕，小孩喊：「實現改變！」我才想起這是 **Songkran**，新的一年，塔爾諾娜說過 **Songkran** 的意思，是改變，潑水等於進入一個新的景象。小孩繼續追着我來噴，直到我把其中一杯珍珠奶茶，遞給小孩喝，他們才放過我和父親。

奶茶裏，只插一根飲管，我和父親共同喝着。我們在路上走，海在遠處，這裏無法看見。父親像上次我離開曼谷前，又提起伊尼丹。

他問我：「你聽見海浪聲嗎？」

「有嗎？」

「要仔細聽。」

我們停下來，小孩還在街上潑水、奔跑。父親向我示意一個方向，要我閉上眼睛聽見遠處。

「你要有伊尼丹的勇氣，去經歷這個世界。不要只留在曼谷，要看見更遠。」父親接着說：「不要像我一樣，蜷縮於眼前。」

我想念塔爾諾娜，我想念曼谷住所的貓，我告訴父親：「老闆娘需要人幫忙，我明天必須回去了。」

父親回答：「是的，早點回去。」

快樂是什麼，塔爾諾娜。

曼谷的空氣污染凝結如一層白霧，陽光照見一些粒子清晰的浮動。空氣也是政治的。塔爾諾娜比我早回到曼谷，我離開前已經把住所的鑰匙交給她，交代她為我餵貓。我回來以後，她說：「我並沒有看見貓，大概躲起來了。」

我們拿貓糧，在屋外喊叫許久，什麼動靜也沒有。

我回到珍珠奶茶店上班時，告訴老闆娘，上班的時間可以延長至深夜，我本來留着夜晚的時間來溫習，但父親在我離開前說，瘟疫使得我們家的經濟情況不好，準確來說，甚至比九七年危機後的情況更不好。他吩咐我盡可能賺錢。

老闆娘只是回答我：「好。」曼谷開始醞釀一場巨大的示威，老闆娘每天盯着電視機，說：「來了來了！」電視機裏的人在叫口號，她在電視機旁說：「**Ai hee-ah**，你們這些喝奶茶長大的傢伙，我在泡珍珠時，你們還在吸你媽媽的奶呢！」沒有人回應她，她對着電視機說話：「沒想到你們腦袋長得這麼清醒！」

我從來沒有見過老闆娘如此憤怒，她站在一個街市裏，一個珍珠奶茶檔口裏，說着「要改變曼谷可不容易」。一番沒有人聽得見的話。

塔爾諾娜沒有還我鑰匙，她後來幾乎每天也在我住所裏過夜，尤其示威開始浩大起來，我的住所就在 **Ratchaprasong** 附近，許多集會在樓下發生。塔爾諾娜說這段日子我們會比往常更孤寂，所以她願意來陪伴我。塔爾諾娜和我從來不去人多的地方，我們害怕群眾，害怕被認定為群裏的一員，比如說，我無法像大學裏的同學那樣，在荒謬裏把不合理都看成笑話，並且能與你無關係似地演講笑話，像大人一般地，傳承一種幽默勝於悲傷，甚至應該蓋過悲傷的文化。

「我應該去嗎？」我問塔爾諾娜，「事情就發生在樓下。」

「有什麼事情阻礙你？」

「我必須工作，而且我並不想叫喊口號。」

「你究竟想要成為什麼樣的人？」塔爾諾娜問我。

「我很想成為外面的年青人一樣，很想盡力改變世界的樣子，沒有懷疑，不能懷疑，但是我對未來還是充滿懷疑，我並不知道自己要什麼。」

我問塔爾諾娜，我問她：「改變真的會這樣發生嗎？」

塔爾諾娜說：「是的。」她說：「如果行動是人作為人的道德宗旨，那麼我相信會的。」

群眾就在樓下，我晚上躲到珍珠奶茶店裏工作，很晚很晚。街市在市中心，白天來的人很多，這段時間特別多，排成隊。來的人，其中有些是台灣人、越南人，因為瘟疫無法離開，他們來買珍珠奶茶，看我年輕，就說：「Su su!」是堅持的意思，「我們支持你！」我無法誠實答話：「我只是一個賣珍珠奶茶的旁觀者。」

晚上，我把茶檔當成圖書館，在一個路燈下看書。塔爾諾娜打電話給我，響了幾下沒有聲音。我回電時，她沒有接電話。我開始有點擔心。我開了電視機，看新聞的現場報道。並沒有看見塔爾諾娜的身影，電視機裏應該很難看到，於是我再撥打她的電話。她終於接聽：

「喂。」

「你沒事吧？」

「你那邊有食物嗎？」

「沒有，這裏的店全關了。怎麼了？」

「那還有奶茶嗎？」

「應該還有些材料，我可以準備。」

「好的，那我在物資部等你。」

我並不清楚所有的因由，塔爾諾娜的聲音好像很焦急，而且脆弱。她的背景聲音，和電視上的救護車聲音是一樣的。於是我猜想她說的是新聞報道的現場。至於準備多少杯珍珠奶茶，我想那是愈多愈好，反正店裏剩下的材料不用也是浪費。

我用兩個紙箱，裝起五十杯珍珠奶茶，紙箱疊起來，放在一部手推車，推往現場，不遠，十分鐘左右。到達的時候，珍珠奶茶些微傾倒，紙箱的底部都濕了。我有點擔心紙箱撐不了多久。我在人群裏，隨便問了一個年輕人：「請問物資部在哪裏？」那人領我到物資部，並且與我一起推車。我看着這個年輕男子，他專注向前的眼神，堅定並且充滿自信，他說話的時候，一點也不閃避對方的眼神交流，不像我。

「是這裏了。感謝你來捐送物資。」

「不是的，我來找朋友。」

塔爾諾娜的電話又沒有人接聽，我站在一個充滿熱情與團結的地方，這使我的手開始顫抖。我再打了幾個電話給塔爾諾娜。還是沒有人接聽。

「她送來五十杯的珍珠奶茶。」領路的男子向物資部的人如此介紹我。

「不是的，我是來找朋友，我朋友叫塔爾諾娜，請問你們有看見她嗎？」

「塔爾諾娜嗎？我們好像沒有聽過這個人的名字。無論如何，感謝妳送來的珍珠奶茶。」

他們要我一起派送珍珠奶茶，他們要我一起拍照上傳到 **IG**、**Facebook**，記錄這個群眾連結的時刻。我們笑。

塔爾諾娜在哪裏？

AGIZO HAPA
(ORDER HERE)
FRESH

132

她一夜失去消息。我躺在床上，一醒來，打電話給她，還是沒有人接。我打開Facebook，看見昨晚送珍珠奶茶的事情，被傳開了，他們上傳我們的合照，底下寫着「聯合國精神飲料」。人們留言：「這是泰國品牌，泰國的精神。」下午，《曼谷郵報》打電話到珍珠奶茶店裏來，邀請老闆娘接受訪問。塔爾諾娜呢？她為什麼要我送珍珠奶茶？

我回去物資部，回去那晚示威的地方，但人們已經轉移到另一個地方集會。我到那地方，那裏沒有物資部，於是我一個一個人捉着問：「你有見過一個叫塔爾諾娜的人嗎？」有人認出我的樣子，他們一定是看過今天早上的相片。他們向我說：「Susu!」我才發現，原來我已經身於其中了。

「我已經身於改變之中了，塔爾諾娜。」

老闆娘看見生意擴張的機會，她說她的丈夫可以看着她的檔口，着我每天到集會裏賣珍珠奶茶，她說：「珍珠奶茶是改變的象徵。」她準備了一輛攤檔車，車子裏足以裝滿配料，現場製造，而且她準備了一條標語，要求我在現場必須掛起來：「世界公民」。

她說她在接受訪問時，已經向記者說了：「我們都是世界公民，所以我們都喝珍珠奶茶，美好的生活裏沒有地域限制。」所以這個標語必須要掛起來，「這場瘟疫失去的生意，我如今必須賺回來！」老闆娘因此也有了堅定的眼神，像那些年輕的人一樣。

我問老闆娘，你有看過塔爾諾娜嗎，她說沒有。

第五節——遠處的海浪

我在人群裏孤獨離去，他們不認識一個叫塔爾諾娜的人，他們從來沒有看見我與任何人同行。

我不知道我們活在什麼世界，我心裏是一個偉大的世界，必須建立這種偉大，來渡過眼前一個狹窄的景象：人們快樂選擇不同種類的奶茶，尋問口味。這種偉大裏，有龐大的孤寂，塔爾諾娜也無法陪伴。

十二月，瘟疫還在蔓延，我真的去了土耳其。塔爾諾娜還在的時候，我告訴過她。她說：「你的眼光已經看見曼谷以外了。」我說我期待自己成為一個寬廣的人，她說，「去吧。」行動對她而言，是最高的道德宗旨。結果我拖延了一場運動的時間才出發。我並沒有按照老闆娘的說法，拉起那個「世界公民」的標語。我到了一個叫 **Ankara** 的城市待了兩個月實習，那裏有許多移民，難民營裏都是移民的孩子，他們從伊朗和敘利亞內戰裏逃走，我也不清楚伊朗的生活是如何，或者敘利亞，許多戰爭，因為美國，好像是這樣。我眼前這些孩子，他們比我清楚戰爭長什麼樣子，而且他們誰也不會提起任何關於戰爭的事，父母的事。下午四點，他們群聚在學校外等待，等待土耳其的孩子放學，三點放學後，這些移民才可以進入學校。我在那裏教他們英文。

我感覺我看見父親一代移民背負的傷痛，我感覺我因着理解父親和伊尼丹而悲天憫人了。如此的理解，使我成為一個寬廣的世界公民，因為我能看見所謂國家在人身上刻劃出來的傷痛。

父親說：「你長大了。」但我認為，那感悟來自塔爾諾娜，父親也沒有見過塔爾諾娜。

奶茶筆記

手沖一杯泰式珍珠奶茶

曼谷人本來喝 Cha Nom Yen，一杯冰奶茶，橙色的，加冰，適合泰國炎熱的天氣。如果外賣，用一個膠袋加一支細細的飲管，便取走。如今老闆娘要卡妮賣的是珍珠奶茶，混合了台式珍珠奶茶的黑糖珍珠以及黑茶，不是橙色了。現在如果外賣，泰國的珍珠奶茶也不用膠袋了，他們像其他地方的奶茶一樣，也用膠杯，外賣的膠杯以及可以一口吸飲珍珠的飲管。

卡妮剛到街市的檔口上班，老闆娘要她學習泰式珍珠奶茶的沖泡方法，老闆娘說，每一杯也混合她和她馬拉丈夫的過去，混合在曼谷的過去——香港、馬來西亞的奶茶都是錫蘭紅茶，泰國以前也常用錫蘭紅茶，如今泰國學台灣一樣，自己種茶，茶在泰北的茶園；至於珍珠和奶，都是超級市場裏買來的。

STEP 1

煲珍珠

煲兩小時黑糖珍珠。

所謂黑糖珍珠是指木薯做的珍珠，台灣稱之為粉圓，泰國沿用其用料及做法。將木薯珍珠加入滾水後，等待它軟化，然後加上適量的糖，慢火煲至珍珠都「放鬆」了，鬆軟了，你會看見水面的粉質消失，珍珠浮了起來。

STEP 2

焗珍珠

倒進黃糖或糖漿，讓珍珠也有了糖味，合上蓋慢煲三十分鐘，攪拌至糖分均勻後熄火。

*過程中可換一個較小的煲，一個保持室溫的煲，並將珍珠和與糖漿融合的水，倒進煲。有些店舖會儲存這些糖漿甜水，當珍珠奶茶完成後，加於其中，加強甜度。

STEP 3 焗珍珠

熄火後合上蓋，再讓珍珠焗三十分鐘。

STEP 4 煲茶葉

黑茶煲二十分鐘，綠茶煲七分鐘。

泰式珍珠奶茶用的大部分是來自台灣的黑茶，但泰國人常以為那是紅茶。有些店用綠茶，茶葉來自泰國的北方清萊，但綠茶煮久了會苦，黑茶則耐煮。煮時記得不時攪拌三個半圈：順時針三個圈，逆時針半個圈，如此一來，茶葉可以均勻受熱，茶香自然均勻。

STEP 5 隔茶葉

STEP 6 扭茶

泰式奶茶的其中一個特色是扭茶，指的是將茶袋裏的茶葉，用扭的方法，把茶擠出來，如此能把甘味扭進茶裏，而不遺留在袋裏，一般扭兩回半。一些泰式珍珠奶茶也沿用了這個手法。

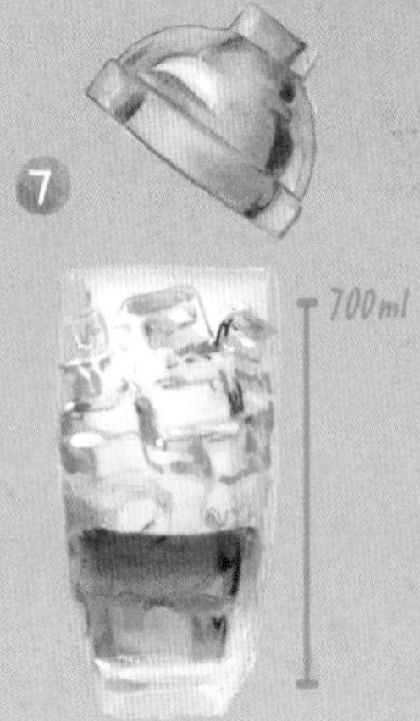

STEP 7

混合茶、奶與冰

在搖杯裏加三茶匙的淡奶，注茶，冰也放進去。冰和奶茶的比例大概為六比四，冰佔六成，奶茶佔四成，接下來我們搖滾！

STEP 8

搖滾

拿着搖杯，搖上十二次。

泰式奶茶與台式珍珠奶茶

傳統泰式奶茶多用錫蘭茶或阿薩姆茶沖成，另會加糖、煉奶，和一些如八角等香料。有熱和凍飲，如凍奶茶時常稱 **Cha Nom Yen**，其中的 **Nom** 就是奶，否則是一杯冰茶。泰式奶茶的來源和發展難以考究，有說跟港式奶茶一樣，源頭可一直追溯至英國。早於十九世紀，泰國（當時稱暹羅）在拉瑪四世、拉瑪五世治下，因與英國以至歐洲其他國家進行交涉、貿易，英國的喝茶文化已傳入泰國皇室。

但說到有份在泰國民間帶起奶茶潮流的，不能不提一九四五年成立的泰國茶葉品牌 **Cha Tra Mue**，中譯「手標牌」。就如蘭芳園的創辦人林木河是由潮州來到香港，**Cha Tra Mue** 創始人是早於一九二五年自中國潮州移民到泰國的華人。他們原本開店售賣從中國進口的茶葉產品，二次世界大戰時，店舖受到嚴重破壞，只得搬遷，並開始進口紅茶，於一九四五年正式成立 **Cha Tra Mue** 品牌。由於泰國天熱，中國熱茶不太受當地人歡迎，他們便在泰式奶茶和紅茶裏加入冰塊，好讓大家喝着涼快，更於泰北清萊地區開設茶廠，發展泰國的本土茶葉。

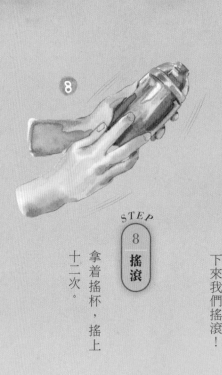

STEP 9 完成

杯裏加上三十毫升的糖漿，把珍珠也加到杯裏，倒入完成搖滾的奶茶與冰。

至於珍珠奶茶，是在一九八〇年代起源於台灣，台中的春水堂和台南的翰林茶館都自稱是發明者。他們會以調酒器搖製茶飲，將紅茶、奶、冰、糖漿手搖成冰奶茶，並加入煮過的白珍珠或黑珍珠。隨着珍珠奶茶盛行，市面出現愈來愈多口味，茶底除了常見的紅茶，也有綠茶、黑茶、烏龍茶等，另有少糖、無糖、多冰等不同組合。此外，有些店舖堅持用原片茶葉沖泡，有些則用茶包，或直接以早經加工的奶茶粉沖製奶茶，提高效率；亦有不少奶茶店以奶精粉取代鮮奶，總之各適其適。由於珍珠的口感特別，廣為流行，在台灣的大街小巷都開有售賣珍珠奶茶的店舖和攤販，並很快傳至香港以至泰國等地。泰國一些奶茶店，會如故事中的老闆娘一樣，將泰式奶茶的部分元素加入台式珍珠奶茶，例如保留扭茶的手法，或改用泰國種的茶葉。

相比英式奶茶、港式奶茶以至泰式奶茶等，珍珠奶茶可說是新時代冒起的潮流飲料。

觀看泰式珍珠奶茶製作短片。

參考資料

第一章

書籍

Bard, Solomon, *Traders of Hong Kong: Some foreign merchant houses, 1841-1899* (Hong Kong: Urban Council, 1993).

Crisswell, Colin N., *The Taipans : Hong Kong's Merchant Princes* (Hong Kong: Oxford University Press, 1981).

Lai, Benjamin, *Hong Kong 1941-45: First Strike in the Pacific War* (Osprey: Osprey Publishing, 2014).

Matthews, Clifford and Oswald Cheung, eds., *Dispersal and Renewal: Hong Kong University During the War Years* (Hong Kong: Hong Kong University Press, 1998).

Ngo, Tak-Wing, ed., *Hong Kong's History : State and society under colonial rule* (London, New York: Routledge, 1999).

史蒂芬・普拉特著，黃中憲譯：《帝國暮色：鴉片戰爭與中國最後盛世的終結》（新北市：衛城出版，二〇一八年）。

周重林、太俊林：《茶葉戰爭：茶葉與天朝的興衰》（台北：遠流，二〇一三年）。

莎拉・羅斯著，呂奕欣譯：《植物獵人的茶盜之旅：改變中英帝國財富版圖的茶葉貿易史》（台北：麥田出版，二〇二〇年）。

傑夫・寇勒著，游淑峰譯：《大吉嶺：眾神之神、殖民貿易，與日不落的茶葉帝國史》（台北：麥田出版，二〇一八年）。

歐陽應霽：《香港味道（2）——不脫絲襪的奶茶》（香港：飲食天地，二〇〇七年）。

謝別斯琛著，黃中憲譯：《1946：形塑現代世界的關鍵年》（台北：馬可孛羅文化，二〇一六年）。

羅永生：《殖民家國外》（香港：牛津大學出版社，二〇一四年）。

羅永生：《殖民無間道》（香港：牛津大學出版社，二〇〇七年）。

期刊文章

Bard, Solomon, “Tea and Opium”, *Journal of the Hong Kong Branch of the Royal Asiatic Society*, vol. 40, 2000 ,pp. 1-19.

Chan, Selina Ching, “Tea cafés and the Hong Kong identity: Food culture and hybridity” , *China Information*, vol. 33, issue 3, 2019, pp. 311-328.

Mak, Sau-Wa, "The heritagization of milk tea: cultural governance and placemaking in Hong Kong", *Asian Anthropology*, 2020.

報道、網上資料及其他

"1945 Victory Parade", Gwulo: Old Hong Kong, retrieved from https://gwulo.com/atom/11927 (accessed on 15th Jan 2021).

"Catherine of Braganza", UK Tea and Infusions Association, retrieved from https://www.tea.co.uk/catherine-of-braganza (accessed on 15th Jan 2021).

Cooper, William, "Nylon Mob, 40,000 Strong, Shrieks And Sways For Mile", *The Pittsburgh*, p.1-2, 13th Jun 1946.

Davis, Austin, " 'Pity the Poor Working Girl' : Nylons, Work, Class, Ideology, and Politics in Pittsburgh, Pennsylvania, 1945-46", Starting a Paper, Tortoise, issue 7, spring 2020, retrieved from https://tortoise.princeton.edu/wp-content/uploads/sites/338/2020/05/Bailey_28_PDF.pdf (accessed on 15th Jan 2021).

Heaver, Stuart, "The days after the Pacific war ended: unsettling times in Hong Kong", *South China Morning Post*, Post Magazine, 29th Aug 2015, retrieved from https://www.scmp.com/magazines/post-magazine/article/1852990/days-after-pacific-war-ended-unsettling-times-hong-kong (accessed on 15th Jan 2021).

"Hong Kong's 'V-Day' : Celebration Parade in Hong Kong (9/10/1945)", Colonial Film: Moving Images of the British Empire, retrieved from http://www.colonialfilm.org.uk/node/2354 (accessed on 21st Jan 2021).

"How to make a perfect cup of tea" , Royal Society of Chemistry, retrieved from https://cdn.zmescience.com/wp-content/uploads/2017/11/RSC-tea-guidelines.pdf (accessed on 15th Jan 2021).

Kennedy, Maev, "How to make a perfect cuppa: put milk in first" , 25th Jun 2003, *The Guardian*, retrieved from https://www.theguardian.com/uk/2003/jun/25/science.highereducation (accessed on 15th Jan 2021).

Marion, George Jr. (Lyricist), and Thomas Wright "Fats" Waller (Composer), "When the Nylons Bloom Again" , on *Ain't Misbehavin': The 30th Anniversary Cast Recording* (L. A.: Rhino Entertainment Company, 2009).

Owyoung, Steven D., "Thomas Garway's Broadsheet Advertisement for Tea, circa 1668" , 11th Nov 2012, Tsiosophy, retrieved from https://www.tsiosophy.com/2012/11/thomas-garways-broadsheet-advertisement-for-tea/ (accessed on 15th Jan 2021).

"Speech by Franklin D. Roosevelt, New York (Transcript)" , Library of Congress, https://www.loc.gov/resource/afc1986022.afc1986022_ms2201/?st=text&r=-0.222,-0.278,0.954,0.654,0 (accessed on 15th Feb 2021).

〈什麼是非物質文化遺產?〉，非物質文化遺產辦事處，認識我們，https://www.lcsd.gov.hk/CE/Museum/ICHO/zh_TW/web/icho/what_is_intangible_cultural_heritage.html，瀏覽日期：二〇二一年一月十五日。

比莉 ・ 科恩：〈英國人愛喝茶背後不為人知的故事〉，二〇一七年十月六日，BBC，https://www.bbc.com/ukchina/trad/vert-tra-41527215，瀏覽日期：二〇二一年一月十五日。

〈立頓領導香港紅茶界　超過 80 年光輝歷史〉，「小茶記 大滋味」，聯合利華飲食策劃，https://www.unileverfoodsolutions.hk/chef-inspiration/TTT-GREAT-TASTE/World-tea-culture/TTT-lipton-overview.html，瀏覽日期：二〇二一年一月二十四日。

〈英抵制日貨會：勸人民勿購日製絲襪領帶　並大放有援華標語之氣球〉，《大公報》，一九三九年三月二日。

〈港式奶茶文化的傳承〉，二〇一七年十月十五日，中原薈，http://centalife.centalineclub.com/%E6%B8%AF%E5%BC%8F%E5%A5%B6%E8%8C%B6%E6%96%87%E5%8C%96%E7%9A%84%E5%82%B3%E6%89%BF/，瀏覽日期：二〇二一年一月十五日。

〈港式奶茶製作技藝〉，非物質文化遺產辦事處，香港非物質文化遺產資料庫，https://www.hkichdb.gov.hk/zht/item.html?aebd99be-73ff-4a8d-a327-41296eafbc12，瀏覽日期：二〇二一年一月十五日。

黃家耀：〈【香港篇】細說珍貴文化遺產：港式奶茶〉，「茶王帶路：世界品茶文化」，聯合利華飲食策劃，https://www.unileverfoodsolutions.tw/chef-inspiration/World-tea-culture/HK-style-milktea.html，瀏覽日期：二〇二一年一月十五日。

趙燕婷：〈少了自由行，「絲襪奶茶」依然滿溢本土人情味〉，二〇一六年六月十五日，《端傳媒》，https://theinitium.com/article/20160615-hongkong-lanfongyuen/，瀏覽日期：二〇二一年一月十五日。

訪問

林俊忠、林俊業，蘭芳園老闆，訪問日期：二〇二〇年九月十七日。

第二章

書籍

莎拉・羅斯著，呂奕欣譯：《植物獵人的茶盜之旅：改變中英帝國財富版圖的茶葉貿易史》（台北：麥田出版，二〇二〇年）。
傑夫・寇勒著，游淑峰譯：《大吉嶺：眾神之神、殖民貿易，與日不落的茶葉帝國史》（台北：麥田出版，二〇一八年）。

Segaran, M. Kula, *M KULA: From Estate To Cabinet* (Petaling Jaya, Selangor: Strategic Information and Research Development Centre, 2019).

Willford, Andrew C., *Tamils and the Haunting of Justice* (Honolulu: University of Hawaii Press, 2014).

期刊文章

Herman, Syamsul, et al., "Willingness to pay for highlands' agro-tourism recreational facility: A case of Boh Tea plantation, Cameron Highlands, Malaysia.", *IOP Conference Series: Earth and Environmental Science*, vol. 19, 2014.

Kambel, Anagha A., "Indians in the plantation industry of Malaya", *Proceedings of the Indian History Congress*, vol. 68, 2007, pp. 1168-1177.

Khairudin, "Coffee-shops in Colonial Singapore: Domains of Contentious Publics", *History Workshop Journa*l, no. 77, Spring 2014, pp. 66-85.

Wong, Yee Tuan, "More Than a Tea Planter: John Archibald Russell and His Businesses in Malaya", *Journal of the Malaysian Branch of the Royal Asiatic Society*, vol. 83, no. 1, 2010, pp. 29-51.

網上資料

Krishna, Priya, "Malaysian Millennials Love Teh Tarik, the Tea That Inspires Dance Competitions", 17th May 2017, Explore Food & Wine, retrieved from https://www.foodandwine.com/tea/teh-tarik-frothy-hybrid-tea-inspired-sport (accessed on 25th Jan 2021).

Tan, Bonny, "Teh tarik", Singapore Infopedia, retrieved from https://eresources.nlb.gov.sg/infopedia/articles/SIP_2013-07-19_103055.html (accessed on 25th Jan 2021).

"The BOH Legacy", BOH Plantations Sdn Bhd, retrieved from https://bohtea.com/about/our-history/ (accessed on 25th Jan 2021).

訪問

Chee, Siu Kong，訪問日期：二〇二〇年九月三十日至十月二日。

Kulasegaran, M.，訪問日期：二〇二〇年九月三十日至十月二日。

第三章

書籍

Baker, Chris, *A History of Thailand* (Port Melbourne, Victoria: Cambridge University Press, 2014).

Chang, Ha-Joon , Gabriel Palma, and D. Hugh Whittaker, eds., *Financial liberalization and the Asian crisis* (Houndmills, Basingstoke, Hampshire: New York, 2001).

Phongpaichit, Pasuk, *Thailand's crisis* (Singapore: Institute of Southeast Asian Studie; Copenhagen: Nordic Institute of Asian Studies, 2000).

Reynolds, Jacky, *A Woman of Bangkok* (Singapore: Monsoon Books, 2012).

期刊文章

Dorairajoo, Saroja, "Peaceful Thai, Violent Malay (Muslim): A Case Study of the 'Problematic' Muslim Citizens of Southern Thailand" , *Copenhagen Journal of Asian Studies*, vol. 27, no. 2, 2009.

Haemindra, Nantawan, "The Problem of the Thai-Muslims in the Four Southern Provinces of Thailand (Part One)" , *Journal of Southeast Asian Studies*, vol. 7, no. 2, 1976.

報道、網上資料及其他

"History", Cha Tra Mue, retrieved from https://www.cha-thai.com/history/ (accessed on 15th Jan 2021).

"THAILAND: Malay Muslims", April 2018, Minority rights group international, retrieved from https://minorityrights.org/minorities/malays-2/ (accessed on 25th Jan 2021).

Wang：〈曼谷感染者多與酒吧、餐廳有關〉，二〇二一年一月十五日，《泰國頭條新聞》，https://www.thaiheadlines.com/87610-2/ZXAB，瀏覽日期：二〇二一年一月二十六日。

"Why is Thai Tea Orange? | Cha Yen", Lion Pride, retrieved from http://www.lionbrand.com.au/blog/why-is-thai-tea-orange-cha-yen (accessed on 25th Jan 2021).

「品嚐」，翰林茶館，http://www.hanlin-tea.com.tw/meal/，瀏覽日期：二〇二一年二月十八日。

「珍奶故事」，春水堂，https://chunshuitang.com.tw/main.php#/bubbletea，瀏覽日期：二〇二一年二月十八日。

李姵瑜：〈Cha Tra Mue 逐一解構：為何泰式奶茶是橘紅色？從來不設熱飲？也謝絕少甜少冰的柯打！〉，二〇一九年七月四日，《明周文化》，https://www.mpweekly.com/culture/cha-tra-mue-奶茶-手標茶-114052，瀏覽日期：二〇二一年一月十八日。

孟惠良、陳卓君：〈如果當初粉圓沒遇上奶茶　始創人林秀慧訴說春水堂的第一杯珍珠奶茶〉，二〇一九年一月三日，《明周文化》，https://www.mpweekly.com/culture/%e6%98%a5%e6%b0%b4%e5%a0%82-%e7%8f%8d%e7%8f%a0%e5%a5%b6%e8%8c%b6-%e5%8f

%b0%e7%81%a3%e8%8c%b6-102777，瀏覽日期：二〇二二年二月十八日。

姚羽亭：〈泰台港「奶茶聯盟」之外，那你還知道東南亞與世界各國奶茶的歷史嗎？〉，二〇二〇年四月二十八日，《關鍵評論網》，https://www.thenewslens.com/article/134348，瀏覽日期：二〇二二年一月二十六日。

陳佳男：〈細說珍珠奶茶〉，二〇一八年四月二十六日，米芝蓮指南，https://guide.michelin.com/hk/zh_HK/hong-kong-region/hong-kong/article/features/the-transformation-of-bubble-tea，瀏覽日期：二〇二二年二月十八日。

訪問

Kraengpaisan, Pornthip，訪問日期：二〇二〇年十月十九日、二〇二〇年十月二十日。

Matacha, Hakuna，泰國珍珠奶茶本地品牌老闆，訪問日期：二〇二〇年十一月三日。

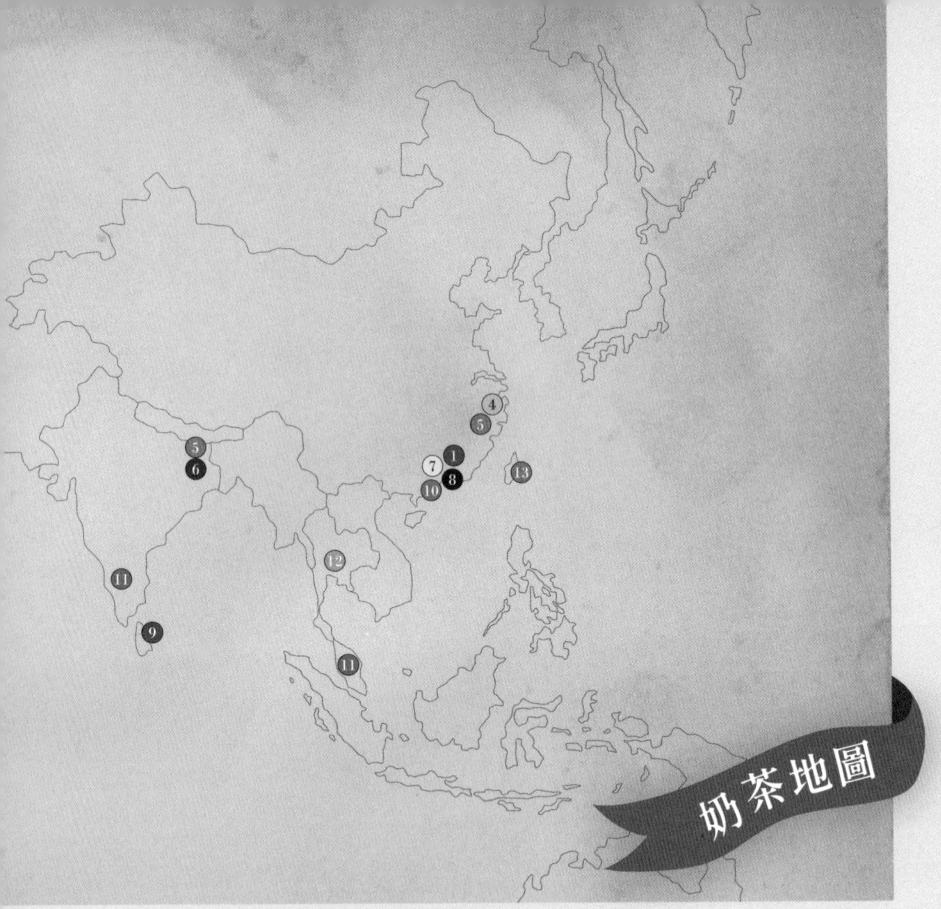

❶ 葡萄牙人應是最早開始喝茶的歐洲人，他們在十六世紀與中國通商，把茶葉帶到歐洲。

② 茶葉於十七世紀引進英國。一六六二年，葡萄牙公主凱薩琳嫁給英王查理二世的嫁妝包含茶葉。

❸ 在茶裏加奶的做法，據說來自十七世紀時一位法國女性 Marguerite de la Sablière，並傳入英國。

④ 一八四八年，英國東印度公司委託蘇格蘭植物學家福鈞深入中國偷取茶樹。

⑤ 福鈞於一八四九年在中國武夷山偷取茶苗、茶樹種子，送往英屬印度，埋下當地製茶業的起點。

❻ 印度在十九世紀繼中國之後成為一大茶葉出口國，但至二十世紀中，民間才開始流行喝印度奶茶。

⑦ 英國因大量進口中國茶葉，白銀外流，後來英商藉買賣鴉片扭轉形勢，最終觸發鴉片戰爭。清廷戰敗後，於一八四二年簽訂《南京條約》，將香港島割讓予英國。

❽ 英式奶茶傳入英殖時期的香港，漸漸衍生出親民、地道的港式奶茶。

❾ 一八六七年，蘇格蘭人 James Taylor 開始在英屬錫蘭（今稱斯里蘭卡）種茶。斯里蘭卡成為新興茶葉產地。

❿ 林木河於一九五二年創辦蘭芳園，首創絲襪奶茶。

⓫ 移民至馬來西亞的印度人，約於二戰後創造拉茶。

⓬ 泰國茶葉品牌 Cha Tra Mue 於一九四五年由移民到泰國的華人成立，有份帶起當地奶茶潮流。

⓭ 一九八〇年代，台灣出現珍珠奶茶。珍珠奶茶後來亦在香港、泰國等地流行。

地圖上標示的是書中提及幾種奶茶的起源地及相關事件。除地圖提及的奶茶外，世界各地還有其他不同形式的奶茶。

一對絲襪，一杯奶茶

奶茶流動的故事

洪藹婷 著
（筆名：李亞妹）

責任編輯 白靜薇
設計排版 黃希欣
內文插圖 麥東記
印　　務 劉漢舉
影像統籌 林振東
攝　　影 林振東（香港）
Jules Rahman Ong（馬來西亞）
Supachai Ketkaroonkul（泰國）
視像攝影 盧君朗

出版
中華書局（香港）有限公司
香港北角英皇道四九九號北角工業大廈一樓 B
電話：（852）2137 2338　　傳真：（852）2713 8202
電子郵件：info@chunghwabook.com.hk
網址：http://www.chunghwabook.com.hk

發行
香港聯合書刊物流有限公司
香港新界荃灣德士古道 220-248 號荃灣工業中心 16 樓
電話：（852）2150 2100　傳真：（852）2407 3062
電子郵件：info@suplogistics.com.hk

印刷
美雅印刷製本有限公司
香港觀塘榮業街六號海濱工業大廈四樓 A 室

版次
2021 年 3 月初版

規格
16 開（220mm×150mm）

ISBN
978-988-8758-01-2

本出版物獲第一屆「想創你未來 —— 初創作家出版資助計劃」資助。該計劃由香港出版總會主辦，香港特別行政區政府「創意香港」贊助。

鳴謝
主辦機構：香港出版總會
贊助機構：香港特別行政區政府「創意香港」